大乘玄论

中国佛学经典宝藏

8

邱高兴 释译

星云大师总监修

人民东方出版传媒
东方出版社

图书在版编目（CIP）数据

大乘玄论 / 邱高兴 释译 . —北京：东方出版社，2019.10
（中国佛学经典宝藏）
ISBN 978-7-5060-8560-1

Ⅰ.①大… Ⅱ.①邱… Ⅲ.①大乘—佛教②《大乘玄论》—注释③《大乘玄论》—译文 Ⅳ.① B942.1

中国版本图书馆 CIP 数据核字（2015）第 267822 号

本书中文简体字版权由上海大觉文化传播有限公司独家授权出版
中文简体字版专有权属东方出版社

大乘玄论
（DACHENG XUANLUN）

| 释 译 者：邱高兴 |
| 责任编辑：王梦楠 |
| 出　　版：东方出版社 |
| 发　　行：人民东方出版传媒有限公司 |
| 地　　址：北京市朝阳区西坝河北里 51 号 |
| 邮　　编：100028 |
| 印　　刷：北京市大兴县新魏印刷厂 |
| 版　　次：2019 年 10 月第 1 版 |
| 印　　次：2019 年 10 月第 1 次印刷 |
| 开　　本：880 毫米 ×1230 毫米　1/32 |
| 印　　张：7.25 |
| 字　　数：123 千字 |
| 书　　号：ISBN 978-7-5060-8560-1 |
| 定　　价：42.00 元 |
| 发行电话：（010）85924663　85924644　85924641 |

版权所有，违者必究
如有印装质量问题，我社负责调换，请拨打电话：（010）85924602　85924603

《中国佛学经典宝藏》
大陆简体字版编审委员会

主任委员：赖永海

委　　员：（以姓氏笔画为序）

　　　　　王月清　王邦维　王志远　王雷泉

　　　　　业露华　许剑秋　吴根友　陈永革

　　　　　徐小跃　龚　隽　彭明哲　葛兆光

　　　　　董　群　程恭让　鲁彼德　温金玉

　　　　　潘少平　潘桂明　魏道儒

总序

星云

自读首楞严,从此不尝人间糟糠味;
认识华严经,方知已是佛法富贵人。

诚然,佛教三藏十二部经有如暗夜之灯炬、苦海之宝筏,为人生带来光明与幸福,古德这首诗偈可说一语道尽行者阅藏慕道、顶戴感恩的心情!可惜佛教经典因为卷帙浩瀚、古文艰涩,常使忙碌的现代人有义理远隔、望而生畏之憾,因此多少年来,我一直想编纂一套白话佛典,以使法雨均沾,普利十方。

一九九一年,这个心愿总算有了眉目。是年,佛光山在中国大陆广州市召开"白话佛经编纂会议",将该套丛书定名为《中国佛教经典宝藏》①。后来几经集思广

---

① 编者注:《中国佛教经典宝藏》丛书,大陆出版时改为《中国佛学经典宝藏》丛书。

益，大家决定其所呈现的风格应该具备下列四项要点：

一、启发思想：全套《中国佛教经典宝藏》共计百余册，依大乘、小乘、禅、净、密等性质编号排序，所选经典均具三点特色：

1. 历史意义的深远性
2. 中国文化的影响性
3. 人间佛教的理念性

二、通顺易懂：每册书均设有原典、注释、译文等单元，其中文句铺排力求流畅通顺，遣词用字力求深入浅出，期使读者能一目了然，契入妙谛。

三、文简意赅：以专章解析每部经的全貌，并且搜罗重要的章句，介绍该经的精神所在，俾使读者对每部经义都能透彻了解，并且免于以偏概全之谬误。

四、雅俗共赏：《中国佛教经典宝藏》虽是白话佛典，但亦兼具通俗文艺与学术价值，以达到雅俗共赏、三根普被的效果，所以每册书均以题解、源流、解说等章节，阐述经文的时代背景、影响价值及在佛教历史和思想演变上的地位角色。

兹值佛光山开山三十周年，诸方贤圣齐来庆祝，历经五载、集二百余人心血结晶的百余册《中国佛教经典宝藏》也于此时隆重推出，可谓意义非凡，论其成就，则有四点可与大家共同分享：

一、佛教史上的开创之举：民国以来的白话佛经翻译虽然很多，但都是法师或居士个人的开示讲稿或零星的研究心得，由于缺乏整体性的计划，读者也不易窥探佛法之堂奥。有鉴于此，《中国佛教经典宝藏》丛书突破窠臼，将古来经律论中之重要著作，做有系统的整理，为佛典翻译史写下新页！

二、杰出学者的集体创作：《中国佛教经典宝藏》丛书结合中国大陆北京、南京各地名校的百位教授、学者通力撰稿，其中博士学位者占百分之八十，其他均拥有硕士学位，在当今出版界各种读物中难得一见。

三、两岸佛学的交流互动：《中国佛教经典宝藏》撰述大部分由大陆饱学能文之教授负责，并搜录台湾教界大德和居士们的论著，借此衔接两岸佛学，使有互动的因缘。编审部分则由台湾和大陆学有专精之学者从事，不仅对中国大陆研究佛学风气具有带动启发之作用，对于台海两岸佛学交流更是帮助良多。

四、白话佛典的精华集萃：《中国佛教经典宝藏》将佛典里具有思想性、启发性、教育性、人间性的章节做重点式的集萃整理，有别于坊间一般"照本翻译"的白话佛典，使读者能充分享受"深入经藏，智慧如海"的法喜。

今《中国佛教经典宝藏》付梓在即，吾欣然为之作序,并借此感谢慈惠、依空等人百忙之中,指导编修;吉广舆等人奔走两岸,穿针引线;以及王志远、赖永海等大陆教授的辛勤撰述;刘国香、陈慧剑等台湾学者的周详审核;满济、永应等"宝藏小组"人员的汇编印行。他们的同心协力,使得这项伟大的事业得以不负众望,功竟圆成!

《中国佛教经典宝藏》虽说是大家精心擘划、全力以赴的巨作,但经义深邃,实难尽备;法海浩瀚,亦恐有遗珠之憾;加以时代之动乱,文化之激荡,学者教授于契合佛心,或有差距之处。凡此失漏必然甚多,星云谨以愚诚,祈求诸方大德不吝指正,是所至祷。

一九九六年五月十六日于佛光山

原版序
敲门处处有人应

《中国佛教经典宝藏》是佛光山继《佛光大藏经》之后，推展人间佛教的百册丛书，以将传统《大藏经》精华化、白话化、现代化为宗旨，力求佛经宝藏再现今世，以通俗亲切的面貌，温渥现代人的心灵。

佛光山开山三十年以来，家师星云上人致力推展人间佛教，不遗余力，各种文化、教育事业蓬勃创办，全世界弘法度化之道场应机兴建，蔚为中国现代佛教之新气象。这一套白话精华大藏经，亦是大师弘教传法的深心悲愿之一。从开始构想、擘划到广州会议落实，无不出自大师高瞻远瞩之眼光，从逐年组稿到编辑出版，幸赖大师无限关注支持，乃有这一套现代白话之大藏经问世。

这是一套多层次、多角度、全方位反映传统佛教文化的丛书，取其精华，舍其艰涩，希望既能将《大藏经》

深睿的奥义妙法再现今世，也能为现代人提供学佛求法的方便舟筏。我们祈望《中国佛教经典宝藏》具有四种功用：

一、是传统佛典的精华书

中国佛教典籍汗牛充栋，一套《大藏经》就有九千余卷，穷年皓首都研读不完，无从赈济现代人的枯槁心灵。《宝藏》希望是一滴浓缩的法水，既不失《大藏经》的法味，又能有稍浸即润的方便，所以选择了取精用弘的摘引方式，以舍弃庞杂的枝节。由于执笔学者各有不同的取舍角度，其间难免有所缺失，谨请十方仁者鉴谅。

二、是深入浅出的工具书

现代人离古愈远，愈缺乏解读古籍的能力，往往视《大藏经》为艰涩难懂之天书，明知其中有汪洋浩瀚之生命智慧，亦只能望洋兴叹，欲渡无舟。《宝藏》希望是一艘现代化的舟筏，以通俗浅显的白话文字，提供读者遨游佛法义海的工具。应邀执笔的学者虽然多具佛学素养，但大陆对白话写作之领会角度不同，表达方式与台湾有相当差距，造成编写过程中对深厚佛学素养与流畅白话语言不易兼顾的困扰，两全为难。

三、是学佛入门的指引书

佛教经典有八万四千法门，门门可以深入，门门是无限宽广的证悟途径，可惜缺乏大众化的入门导览，不易寻觅捷径。《宝藏》希望是一支指引方向的路标，协助十方大众深入经藏，从先贤的智慧中汲取养分，成就无上的人生福泽。

四、是解深入密的参考书

佛陀遗教不仅是亚洲人民的精神归依，也是世界众生的心灵宝藏。可惜经文古奥，缺乏现代化传播，一旦庞大经藏沦为学术研究之训诂工具，佛教如何能扎根于民间？如何普济僧俗两众？我们希望《宝藏》是百粒芥子，稍稍显现一些须弥山的法相，使读者由浅入深，略窥三昧法要。各书对经藏之解读诠释角度或有不足，我们开拓白话经藏的心意却是虔诚的，若能引领读者进一步深研三藏教理，则是我们的衷心微愿。

大陆版序一

　　《中国佛教经典宝藏》是一套对主要佛教经典进行精选、注译、经义阐释、源流梳理、学术价值分析,并把它们翻译成现代白话文的大型佛学丛书,成书于二十世纪九十年代,由台湾佛光文化事业有限公司出版,星云大师担任总监修,由大陆的杜继文、方立天以及台湾的星云大师、圣严法师等两岸百余位知名学者、法师共同编撰完成。十几年来,这套丛书在两岸的学术界和佛教界产生了巨大的影响,对研究、弘扬作为中国传统文化重要组成部分的佛教文化,推动两岸的文化学术交流发挥了十分重要的作用。

　　《中国佛学经典宝藏》则是《中国佛教经典宝藏》的简体字修订版。之所以要出版这套丛书,主要基于以下的考虑:

　　首先,佛教有三藏十二部经、八万四千法门,典籍浩瀚,博大精深,即便是专业研究者,穷其一生之精力,恐也难阅尽所有经典,因此之故,有"精选"之举。

其次,佛教源于印度,汉传佛教的经论多译自梵语;加之,代有译人,版本众多,或随音,或意译,同一经文,往往表述各异。究竟哪一种版本更契合读者根机?哪一个注疏对读者理解经论大意更有助益?编撰者除了标明所依据版本外,对各部经论之版本和注疏源流也进行了系统的梳理。

再次,佛典名相繁复,义理艰深,即便识得其文其字,文字背后的义理,诚非一望便知。为此,注译者特地对诸多冷僻文字和艰涩名相,进行了力所能及的注解和阐析,并把所选经文全部翻译成现代汉语。希望这些注译,能成为修习者得月之手指、渡河之舟楫。

最后,研习经论,旨在借教悟宗、识义得意。为了将其思想义理和现当代价值揭示出来,编撰者对各部经论的篇章品目、思想脉络、义理蕴涵、学术价值等所做的发掘和剖析,真可谓殚精竭虑、苦心孤诣!当然,佛理幽深,欲入其堂奥、得其真义,诚非易事!我们不敢奢求对于各部经论的解读都能鞭辟入里,字字珠玑,但希望能对读者的理解经义有所启迪!

习近平主席最近指出:"佛教产生于古代印度,但传入中国后,经过长期演化,佛教同中国儒家文化和道家文化融合发展，最终形成了具有中国特色的佛教文化，给中国人的宗教信仰、哲学观念、文学艺术、礼仪习俗等留下了深刻影响。"如何去研究、传承和弘扬优秀佛教文化，是摆在我们面前的一个重要课题，人民东方出版传媒有限公司拟对繁体字版的《中国佛教经典宝藏》进行修订，并出版简体字版的《中国佛学经典宝藏》，随喜赞叹，聊寄数语，以叙因缘，是为序。

　　　　　　　　　　二〇一六年春于南京大学

大陆版序二

依空

　　身材高大、肤色白皙、擅长军事的亚利安人，在公元前四千五百多年从中亚攻入西北印度，把当地土著征服之后，为了彻底统治这里的人民，建立了牢不可破的种姓制度，创造了无数的神祇，主要有创造神梵天、破坏神湿婆、保护神毗婆奴。人们的祸福由梵天决定，为了取悦梵天大神，需要透过婆罗门来沟通，因为他们是从梵天的口舌之中生出，懂得梵天的语言——繁复深奥的梵文，婆罗门阶级是宗教祭祀师，负责教育，更掌控了神与人之间往来的话语权。四种姓中最重要的是刹帝利，举凡国家的政治、经济、军事、文化等等都由他们实际操作，属贵族阶级，由梵天的胸部生出。吠舍则是士农工商的平民百姓，由梵天的膝盖以上生出。首陀罗则是被踩在梵天脚下的土著。前三者可以轮回，纵然几世轮转都无法脱离原来种姓，称为再生族；首陀罗则连轮回的因缘都没有，为不生族，生生世世为首陀罗，子孙也倒霉跟着宿命，无法改变身份。相对于此，贱民比首陀罗更为卑微、低贱，连四种姓都无法跻身其中，只能从事挑粪、焚化尸体等最卑贱、龌龊的工作。

出身于高贵种姓释迦族的悉达多太子，为了打破种姓制度的桎梏，舍弃既有的优越族姓，主张一切众生皆平等，成正等觉，创立了佛教僧团。为了贯彻佛教的平等思想，佛陀不仅先度首陀罗身份的优婆离出家，后度释迦族的七王子，先入山门为师兄，树立僧团伦理制度。佛陀更严禁弟子们用贵族的语言——梵文宣讲佛法，而以人民容易理解的地方口语来演说法义，这就是巴利文经典的滥觞。佛陀认为真理不应该是属于少数贵族、知识分子的专利或装饰，而应该更贴近普罗大众，属于平民百姓共有共知。原来佛陀早就在推动佛法的普遍化、大众化、白话化的伟大工作。

佛教从西汉哀帝末年传入中国，历经东汉、魏晋南北朝、隋唐的漫长艰巨的译经过程，加上历代各宗派祖师的著作，积累了庞博浩瀚的汉传佛教典籍。这些经论义理深奥隐晦，加以书写的语言文字为千年以前的古汉文，增加现代人阅读的困难，只能望着汗牛充栋的三藏十二部扼腕慨叹，裹足不前。

如何让大众轻松深入佛法大海，直探佛陀本怀？佛光山开山宗长星云大师乃发起编纂《中国佛教经典宝藏》。一九九一年，先在大陆广州召开"白话佛经编纂会议"，订定一百本的经论种类、编写体例、字数等事项，礼聘中国社科院的王志远教授、南京大学的赖永海教授分别为中国大陆北方与南方的总联络人，邀请大陆各大学的佛教学者撰文，后来增加台湾部分的三十二本，是为一百三十二册的《中国佛教经典宝藏精选白话版》，于一九九七年，作为佛光山开山三十周年的献礼，隆重出版。

六七年间我个人参与最初的筹划，多次奔波往来于大陆与台湾，小心谨慎带回作者原稿，印刷出版、营销推广。看到它成为佛教徒家中的传家宝藏，有心了解佛学的莘莘学子的入门指南书，为星云大师监修此部宝藏的愿心深感赞叹，既上契佛陀"佛法不舍一众"的慈悲本怀，更下启人间佛教"普世益人"的平等精神。尤其可喜者，欣闻现大陆出版方东方出版社潘少平总裁、彭明哲副总编亲自担纲筹划，组织资深编辑精校精勘；更有旅美企业家鲁彼德先生事业有成之际，秉"十方来，十方去，共成十方事"之襟怀，促成简体字版《中国佛学经典宝藏》的刊行。今付梓在即，是为序，以表随喜祝贺之忱！

二○一六年元月

目　录

题　解　001

经　典　009

 1　卷一　011
 2　卷二　056
 3　卷三　084
 4　卷四　138
 5　卷五　174

源　流　195

解　说　201

《大乘玄论》的作者是三论宗的创始人吉藏。吉藏，生于公元五四九年，卒于公元六二三年。其祖籍安息，故亦称"胡吉藏"。据《续高僧传》卷十一等载，吉藏的先世为了避仇移居南海（今广州），后来迁居金陵（今南京），吉藏就出生于此。约三四岁时，其父带他去见真谛（Paramātha，公元四九九——五六九年，中国佛教翻译史上四大译经家之一），真谛为其取名为吉藏。吉藏的父亲是个虔诚的佛教信徒，后来出家做了和尚，法名道谅。吉藏常随父亲到兴皇寺法朗处听其讲"三论"，七岁时即从法朗出家。十四岁时从法朗学习《百论》，十九岁时，学有所成，善讲经论。

　　吉藏受戒之后，其学解更进，声闻日高。陈桂阳王（伯谋）因钦慕其风采，对其十分尊重。隋朝平定江南一带后，吉藏就到会稽（今浙江绍兴）嘉祥寺讲法，世称嘉祥大师。开皇（隋文帝年号，公元五八一——六〇〇年）末年，晋王杨广（即隋炀帝）在扬州建立四处道场，吉藏以盛名被延请入慧日道场，其后开皇十九年（公元五九九年），杨广赴长安，也邀吉藏同行，安置于长安日严寺，在此期间他完成了《净名玄论》。隋炀帝次子杨暕闻其盛名，遂邀请长安僧俗六十余人于私第辩论，吉藏为论主，与号称三国（齐、陈、周）论师的僧粲辩论获胜，因此名声大振。

隋朝亡后，唐武德元年（公元六一八年）唐高祖李渊亲自召见，后唐朝设立十大德管理佛教事务，吉藏被选为十人之一。吉藏在长安先住实际寺、定水寺，后受齐王李元吉之请住延兴寺。唐武德六年（公元六二三年）五月病逝，终年七十五岁。临终曾作《死不怖论》，葬于终南山至相寺北岩。

吉藏一生博学多才，历受陈、隋、唐三代王室的尊敬，因此不免恃才傲物；加上其生活不拘细节，当时很受许多人的批评。他在学问上虽有成就，但并不善于处理人际关系。所以道宣对他的评价是："纵达论宗，颇怀简略，御众之德，非其所长。"（《续高僧传》卷十一）

吉藏一生弘法五十余年，弟子很多，主要有慧远、智拔、智凯、智命、硕法师、慧灌等。其中慧灌是高丽

（今朝鲜）人，曾于隋朝时入嘉祥寺从吉藏学"三论"，后于公元六二五年到日本，在元兴寺传弘三论，被称为日本三论宗的祖师。

吉藏一生致力于弘扬三论宗，讲"三论"一百余遍，《法华》三百余遍，《大品般若经》《大智度论》《华严经》《维摩经》各数十遍，并有许多著作传世，比较重要的如《大乘玄论》（五卷）、《二谛义》（三卷，亦称《二谛章》）、《三论玄义》（一卷）、《中论疏》（十卷）、《百论疏》（三卷）、《十二门论疏》（三卷）、《大品般若经疏》（十卷）、《大品般若经游意》（一卷）、《法华经玄论》（十卷）、《华严经游意》（一卷）、《涅槃经游意》（一卷）。现存共约二十六部，其中又以《大乘玄论》《三论玄义》《二谛义》最为重要。

本次注释、今译所采用《大乘玄论》之底本为日本《大正藏》第四十五册所载，参校于北京刻经处本《大乘玄论》。

《大乘玄论》一书共十多万字，分为五卷，八个部分。第一卷讲二谛义，第二卷讲八不义，第三卷包括佛性义、一乘义、涅槃义，第四卷包括二智义，第五卷包括教迹义、论迹义。此次今译，限于篇幅，只取其中约三万字之原文。因为《大乘玄论》是一部结构严谨、论证充分、上下文衔接比较紧密的佛学著作，因此给原文的取舍带来了一定难度。这次对原文的取舍主要本着以下几点：（一）所选定内容之重要性。凡属《大乘玄论》一书重点论述的问题，而又为三论宗中心概念者，则尽量多选，如二谛、八不、佛性等。（二）保持原书之基本结构。《大乘玄论》一书五卷，共论述了八个方面的问题，每一个方面又详分为条加以论述。如卷一"二谛义"一节就又分为"标大意""释名""立名""有无""二谛体""中道""相即""摄法""辨教""同异"等十个方面。在节选时，基本保持了这种结构。（三）在以上两个标准之下，对原文取舍时，删除了许多在论证性论文中属于论证过程的部分或只保留少量论证过程，而全部保留其论点部分。如在本书之第三卷"涅槃义"一节就基本采用了这种取舍方式。在个别章节中兼顾了重要性与结构之后，删掉了一些内容不太重要，与本书主题相距较远而又属于结构性的一些内容，如第三卷"一乘义"三门中之"同异门"，第五卷"论迹义"五门中"明经论能所""明释中观论名""明论缘起"三节都只存其名，内容则作删除处理。另外从大乘中观号称的"只破不立"而立宗的三论宗创始者吉藏，也采用了"破"这个有力的武器，当然在《大乘玄论》中就出现了许多其批驳对象之观点与思想，虽然这部分从历史资料的角度看弥为重要，但在本书中为了节省篇幅，也只好忍痛割爱，作了删节处理。如在第一卷"二谛义"中，就涉及了"成实三师"庄严智旻、开善智藏、光宅法云等以二谛为实理的观点，在取舍原文时，便只保留了他们的主要论点，详细资料，一并删除。

《大乘玄论》一书涉及了三论宗的所有基本概念，如二谛、八不、中道、佛性、判教等，是三论宗的一部重要著作，这是《大乘玄论》在理论上的重要之点；另一方面，吉藏善于辩论，加上当时学派林立，因此在其《大乘玄论》中保留了许多有关成实师、毗昙师等派别的思想资料。这些派别的思想因著作佚失或仅有口头之传授，因而到后来，人们就难详其学说之脉络了。幸而在《大乘玄论》中保留了这些资料，为后人理解当时之佛学全貌，提供了一个参考，这就是《大乘玄论》之资料价值。

1 卷一

原典

二谛①义有十重：

第一，标大意；第二，释名；第三，立名；第四，有无；第五，二谛体；第六，中道②；第七，相即；第八，摄法；第九，辨教；第十，同异。

注释

① 二谛：即世谛（又称俗谛、有谛）和真谛（也作第一义谛、胜义谛）。三论宗继承印度中观之学，用二谛来组织其学说。他们认为二谛并非是所证之理与所观之境的区别，而是能诠的言教上的差别。真谛是为破

众生的有执而说，俗谛是为破众生的空执而立。这也就是三论宗的言教二谛说。在本书中，吉藏为了更进一步说明这一点，又立四重二谛说。

② **中道**：龙树在《中论·观四谛品》中给"中道"下了一个定义："众因缘生法，我说即是空，亦为是假名，亦是中道义。"就是说由因缘而产生的东西是空而假有，合二者即是中道。三论宗以"八不"明中道，认为破邪即显正，以无所得为最高道理，所以认为"八不"之外别无中道，八不即是中道。

译文

我论述二谛的意义有十个方面：

第一，阐述二谛的基本含义。第二，解释二谛之名称。第三，讲二谛成立的理由。第四，说明有无的问题。第五，论述二谛之体。第六，论述中道与二谛的关系。第七，论述二谛之间相即的关系。第八，论述二谛所包括法的范围问题。第九，论述有关判教的问题。第十，论述二谛的同异问题。

原典

二谛者，盖是言教之通诠，相待之假称，虚寂之妙实，穷中道之极号。明如来常依二谛说法，一者世谛，二者第一义谛，故二谛唯是教门①，不关境理②。

注释

① **教门**：即指言教。三论宗认为二谛只是主观上言语教化的差别，是说法化道形式上的差别，而不是实理的差别。

② **境理**：就是指所观之境与所证之理。三论宗认为二谛并不是这二者的区别。

译文

所谓二谛，是为语言教化方便而设立的一种说法，是空有相互关系的虚称，也是体现中道之理的最好的名字。我们知道如来常用二谛来讲述佛法，这二谛就是指：一、世谛，二、第一义谛，因此二谛应属于言教，而不是境理。

原典

问：摄岭①、兴皇②何以言教为谛耶？

答：其有深意，为对由来以理为谛故，对缘假说。

注释

① 摄岭：即摄岭师僧朗，是复兴三论学的首要人物。因其住持摄山，故称"摄岭师"。

② 兴皇：即兴皇法朗，为"山中师"僧诠之弟子，吉藏的受业师。因住"兴皇寺"，故名。

译文

问：摄山的僧朗与兴皇寺的法朗为何把言教作为二谛的本质呢？

答：这种做法有很深的意义。是为了对治那种以实理、实境为二谛的说法，而随机提出的一种假说。

原典

问：何故作此四重二谛耶？

答：对毗昙①事理二谛，明第一重空有二谛。二者，对成论②师空有二谛，汝空有二谛是我俗谛，非空非有方是真谛，故有第二重二谛也。三者，对大乘师依他分别二为俗谛，依他无生分别无相不二真实性为真谛，今明若二若不二皆是我家俗谛，非二非不二方是真谛，故有第三重二谛。四者，大乘师复言，三性是俗，三无性非安立谛③为真谛，故今明汝依他分别二、真实不二是安立谛，非二非不二、三无性非安立谛，皆是我俗谛，言忘虑绝，方是真谛。

注释

① **毗昙**：是阿毗昙（Abhidharma）之略，新译阿毗达磨，意译对法或论。特指小乘佛教说一切有部。

② **成论**：即《成实论》，是小乘佛教经量部所依据的主要经典。中国南北朝时代到唐初出现过以传习《成实论》为主的成实师。

③ **安立谛**：即言语分别之谛。安立，安置建立。

译文

问：为什么要立四重二谛呢？

答：首先为了对治毗昙师主张一切事物实有的观点，讲第一重空有二谛。第二，针对成实论师的空有二谛的观点，立第二重二谛：空有二谛一起作为俗谛；非空非有是真谛。第三，地论师、摄论师以三性中依他起性、遍计所执性为俗谛，以依他之无生性与分别（即遍计所执性）之无相性的不二真实性（即三性之圆成实性）为真谛。针对这种说法，我立或二或不二这种分别说为俗谛，非二非不二才是真谛。这就是第三重二谛。第四、地论师、摄论师等还认为三性是俗谛，三无性不是言语差别之谛，故名真谛。虽然他们说依他起性与分别性的"二"与真实性的"不二"是语言分别之谛（安立谛），非二非不二、三无性不是言语分别之谛（非安立谛），但还都是俗谛，言语思虑都断绝，才是真谛。

原典

释名第二。……今明此真俗是如来二种教门，能表为名，则有二谛；若从所表为名，则唯一谛，故非只以审实为义。若二于谛[①]，即以审实为谛。若就因缘教谛，即有多义，或以诚谛之言释谛，此二教表不二之道，教必不差违，即是谛义。依名释谛如是。

若依义释谛,谛以不谛为义,此是竖论。若横论,谛以诸法为义,例如真俗义中说,俗以浮虚为义,俗以真为义,俗以不俗为义,真亦然。

注释

① **于谛**:三论宗特有之词汇,于是所依之义。佛所说法是教谛,所依之二谛为于谛。

译文

第二、释二谛名。……现在我们来看真俗二谛,它们是佛教化的二种教门。如果从主观言语表达方面来说,则有二谛之说;如果从言语所表达的客观的对象来看,则只是一谛,所以说言教二谛并不只是以考察真实为其义的。但如就二于谛而言,它只考察真实,以真实为谛之义。如果就随缘教化方面理解二教谛的话,就有多种意义;如果从谛为真实之理方面理解二教谛的话,二教谛表明的是不二的道理,二教谛也就只具此义,这就是"谛"的含义。从名称方面来解释二谛的话就是如上所论。

如果依意义来解释谛的话,谛以不谛为其意义,这是从总的方面看。如果从横向看的话，谛是以诸法为其意义的，比如以真俗二谛来看，俗谛以不实和空虚为其含义，俗谛又以真实为其含义，俗谛还以不俗为其含义。反过来说，从真的角度看亦是如此。

原典

立名第三。三门分别，前辨立名，次辨绝名①，后辨借名②。立名者，不真不俗，亦是中道。亦名无所有，亦名正法，亦名无住，此非真非俗，无名今假为立名，此名以无名之所立名。

第二、辨绝名。……今明以四句辨之：一者俱绝，二者俱不绝，三者真绝俗不绝，四者俗绝真不绝。所言二谛俱绝者，二谛皆如，奈得皆不绝？二谛俱不绝者，得是如相，名为如来，得是二如相，所以皆不绝。又言如来常依二谛说法，《大论》云："如瓶衣等法，世界悉檀即有，第一义悉檀③即无，真如实际等，于第一义悉檀即有，世界悉檀即无。"此名字互有互无，故知二种俱绝俱不绝。三者真绝俗不绝，此文即多。经云："以世谛法故说，非第一义。"四俗绝真不绝，如言生不可说，不生亦不可说，生不生亦不可说，不生非不生亦不可说，四句皆不可说，即是绝名。

第三、论借名,就借与不借故,是绝不绝耳。若二谛俱绝,即是两种皆借名;二俱不绝,即相与不借。……经又云:"一切诸法,但有假名。"但有名无实,故言绝;但有名字,故谓为借。

注释

① **绝名**:依吉藏解释,有名无实即为绝名。
② **借名**:依吉藏解释,虽有名无实但却有假名,即借名。
③ **悉檀**:梵语 Siddham,即成就之义。

译文

第三,讲"立名"的问题。这个问题可以分成三个方面:首先从立名角度看,其次谈绝名,第三讲借名。所谓二谛之名字,既不是真谛亦不是俗谛,而是中道。也可以说是无所有,亦可以说是正确之道理,亦叫作无住,它既非真谛亦非俗谛,本来无名,今先暂时给它一个名字,这个名字是以无名为名的。

第二,从绝名角度看。……我们用四句话来分析这个问题:一,二谛都有名无实;二,二谛都非有名无实；三，真谛有名无实而俗谛不如此；四，俗谛有名无实而真谛不如此。所谓二谛都有名无实是因为二谛都是阐述空的道理，既然如此，二谛怎么会不是有名无实？所谓二谛都不是有名无实者，是因为二谛得真如之理，名为如来，而又有二种真如相，所以二谛又都不是有名无实。另外从佛常依二谛说法来看，《大智度论》说："像瓶子、衣服这类东西，世界（俗谛）成立其就有，第一义（真谛）成立其就无，真如真理在第一义成立时就有，在世俗世界成立时就无。"这就是说二谛互有互不有，由此也知二谛既假名无实又非假名无实。三者关于真谛是假名无实而俗谛非如此的问题，论述很多。如经中说："因为世谛是针对外法所说，而第一谛不是这样。"四者俗谛假名无实而真谛非如此。比如讲生不能说，不生也不能说，生不生也不能说，不生非不生也不能说，这四句话都不可说，就说明世谛是假名无实。

第三，论述借名。所谓借与不借，实际上就是绝不绝的问题。如果二谛都是绝名，亦就是说二者都是借名；二者都不绝，即说明二者都非借名。……经中又说："所有一切法，都只有假名。"如果有名无实，就叫作绝名；如果就其有名字而言，就叫借名。

原典

有无第四。

问：前言非有非无，何物非有非无耶？

答：前非有非无，非性有无，为成世谛如义。

问：后明非有非不有，何物有不有耶？

答：今如是假有不有故，言非有非不有。言非有者，非不有有；言非不有者，非有不有，此既坏假成真谛如。

问：有不有是何物？

答：诸法本从无生，皆以阿①字为本，是即诸法皆归阿字一无生门，故经言，四十二字②皆归阿字也。

注释

① **阿**：梵文音译，意思是"无"。

② **四十二字**：据《大智度论》卷四十七："四十二字是一切字根本，因字有语，因语有名，因名有义。菩萨若闻字，因字乃至能了其义。初'阿'后'荼'，字有四十。"

> 译文

第四、论述有无的问题。

问：前面说非有非无是指什么东西非有非无呢？

答：前面讲非有非无，并不是指真性之有无的问题，因为论述非有非无是为了成就如世谛那样一种意思。

问：后面曾提到过非有非不有，那么什么东西有而不有呢？

答：因为假有并非真有，所以既非有也非不有。所谓非有指"非不有"有，所谓非不有指"非有"不有，这些都破假有而成就如真谛那样的意思。

问：有而不有是什么意思呢？

答：一切法本来都没有产生、生起，都以"无"为本，所以说诸法都归于以"阿"字为代表的无生法门，所以经中说，代表一切字的四十二字都可归于"阿"字。

> 原典

二谛体第五。常解不同，有五家。

问第一解，若言以有为体空为用者，可以有为理空为用不？体是理之异名，既言有为体，是即有为理。然皆见理得道，今若以有为理，即见有得道。今圣人皆见空断结，明知空是理。

问第二解，空为体有为用者，是即成一谛，何谓二谛？汝今指空当体，是即但空是谛，有非谛。若空有俱谛，何得偏用一空为体？故不然。

问第三解，假有是世谛体，假有即空为真谛体。若二谛各有体，即应成两理，有自有为理，空自空为理。硕反，何得辨其相即？

问第四解，二谛唯一体，以义约之为异者。今何以二谛唯是一体，是何物体？为当一有体，为当一空体？何处离此空有别有一体，而言以空有约之故二谛之别？

问第五解，二谛同中道为体者，今问：汝言若用中道为体，为是二谛摄，为是二谛外物？彼解云：终是一无名无相，还是二谛摄，此是开善①所用。

今意有第三谛，彼无第三谛。彼以理为谛，今以教为谛。彼以二谛为天然之理，今明，唯一实谛，方便说二；如唯一乘，方便说三，故言异。虽复有五解，不出四句之计。初一有句，第二无句，第三、第四亦有亦无句，第五解非有非无。既束为四句，是横计，何得扶道？

注释

① **开善**：即指南北朝时梁钟山开善寺的智藏（公元四五八——五二二年）。与僧旻、法云并称为梁代三大法师。

译文

第五、讨论二谛之体的问题。通常有五种互不相同的观点。

试问持第一种观点的人，你们所谓的以有为体以空为用，可不可以理解成以有为理以空为用呢？因为体是理的另一种说法，所以既然说有为体也即是说有为理。然而一般上说来大家都以见理为得道的标志，现在如果以有为理的话，即见有就是得道。现在圣人们都把空作为断绝因果束缚的手段，因此我们明明白白知道空才是理。

次问持第二种观点的人，你们认为空是体、有是用就只能有一谛，为何要说二谛？你们现在以空为体，这也就是说只有空是谛，有不是谛。如果认为空有都是谛，那为何只以一空为体？所以第二种观点也不正确。

再难持第三种观点的人，他们认为假有是世谛之体，假有即是真空为真谛之体，如果二谛各自有自己的体，就应当有两种理，有自有有之理，空自有空之理，这样如此相反之义怎么会有相即的关系呢？

更问持第四种观点的人，他们认为二谛只有一体，从意义上分别则有不同。现在问为什么二谛只有一体，这个体究竟是什么东西之体？它是一个有之体，还是空之体？除此"空有"之外，哪里还存在另一个体？而这个体当以空有去理解它时，还会有二谛之别？

最后难持第五种观点的人，他们认为二谛和中道都为体。现在问：你们假若以中道为体，那么中道是被二谛所摄，还是在二谛之外？他们回答说：最终究之，中道仍是无名无相，所以还是被二谛所摄，此观点是梁开善寺智藏法师所持。

现在我们认为有第三谛的存在，他则没有第三谛。他认为理是谛，我们则认为教化是谛。他以二谛是天然存在之道理，我们则认为只有一种实在之真理，为了方便教化才说为二，比如说只有一乘之理，而因教化故讲三乘分别。总结起来说，虽然有五种不同观点，但用四句话即能概括。第一种观点说有为体，第二说无为体，第三、第四说亦有亦无为体，第五说非有非无为体。既然这四句话都是错误之观点，那它们怎么能有助于佛教义理的发扬呢？

原典

问：何处经文，中道为二谛体也？

答：《中论》云："因缘所生法，我说即是空，亦为是假名，亦是中道义。"①因缘生法是俗谛，即是空是真谛，亦是中道义是体。《华严》云："一切有无法，了达非有非无。"故有无为二谛，非有非无为体。经云："非有非无，假说有无。"《涅槃经》云："随顺众生，说有二谛。"故以教门为谛。《仁王经》云："有谛、无谛、中道第一义谛。"故知，有第三谛。

注释

① 这个偈语是龙树在《中论·观四谛品》所说。因此偈有三个"是"字，中国三论宗称之为"三是偈"。

译文

问：哪种经里论述中道为二谛之体？

答：《中论》中说："一切因缘所生之法，我们说之为空，也可以说是假名，也可以说之为中道。"因缘所生法是俗谛，法即是空为真谛，亦是中道义就是体。

《华严经》说："一切有无之法，如果能通达观察即是非有非无。"所以说有与无为二谛，非有非无为体。经中还说："从体上说非有非无，为方便假说有与无。"《涅槃经》也说："随顺众生的习惯，才说有二谛之分。"因此以方便教化为谛之真义。《仁王经》说："有谛、无谛、中道为第一义谛。"由此知有第三谛的存在。

原典

明中道第六。初就八不明中道，后就二谛明中道。初中师有三种方言：第一方言云，所以牒八不[①]在初者，欲洗净一切有所得心，有得之徒无不堕此八计中。如小乘人言，谓有解之可生，惑之可灭，乃至众生从无明流来，反本还源故去。今八不，横破八迷[②]，竖穷五句[③]，以求彼生灭不得故，言不生不灭。生灭既去，不生不灭，亦生灭亦不生灭，非生灭非不生灭，五句自崩。然非生非不生既是中道，而生而不生即是假名。假生不可言生，不可言不生，即是世谛中道。假不生不可言不生，不可言非不生，名为真谛中道。此是二谛各论中道。然世谛生灭，是无生灭生灭。第一义无生灭，是生灭无生灭。然无生灭生灭岂是生灭？生灭无生灭岂是无生灭？故非生灭非无生灭名二谛合明中道。

第二方言云,所以明三种中道者,为显如来从得道夜至涅槃夜常说中道。又学佛教人,作三中不成故堕在偏病。今对彼中义不成故辨三中。

问:云何学佛教人三中不成?

答:他云,实法灭故不常,假名相续故不断。今谓,不常犹是断,不断犹是常,唯见断常,何中之有?为对此三中不成,明三种中道。今明中道者,无生灭生灭为俗谛中,生灭无生灭为真谛中;无生灭生灭岂是生灭?生灭无生灭岂是无生灭?故非生灭非无生灭二谛合明中道。

问:后明三中与前何异?

答:前明二谛中道,是因缘假,名破性中。第三双泯二假称为体中,亦名因缘表中道。故前语有四重阶级:一者初章四句④,求性有无不可得故,言非有非无名为中道。外人既闻非有非无,即谓无复真俗二谛,便起断见,是故第二说而有而无以为二谛,接其断心。第三欲显而有而无,明其是中道,是因缘有无,不同汝性有无义,故第三明二谛用中,双弹两性。第四次欲转假有无二,故明体中。初明性空,次后明假,第三明用中,第四明体中,故有四阶。此是摄岭兴皇始末对由来义,有此四重阶级。得此意者,解一师立中、假、体、用四种意也。

又初非性有无以为中者,此是假前中义。次而有而无名为二谛，是中后假义。次假有非有，假无非无，二谛合明中道者，此是假后中义。

问：破性中因缘表中道者，云何中前假中后假耶？

答：中前假者，未说体中，前明于假，即上破性中后而有而无是也。中后假者，说用中体中竟，方说而有而无，正是动而常寂，寂而常用，乃是方便智化众生。又中前假，从用入体；中后假，从体起用。

问：第一方言出诸师计，后方言出诸师三中不成，云何异耶？

答：第一方言，破性外道八迷，破性明中，但出诸师计。诸法师计亦有性义，亦言，正破外，傍破内，故出诸师计。

第三方言云，世谛即假生假灭。假生不生，假灭不灭，不生不灭，为世谛中道。非不生非不灭为真谛中道。二谛合明中道者，非生灭非不生灭。

问：此与上何异？

答：此有二意：一者即世谛生是不生，如色即是空故，不生即是世谛。真谛不生者，此即相因义，因世谛生明真谛不生。二者世谛中不生不灭，即是真谛假。非是破性明中，为明世谛假生虽生不起，世谛假灭虽灭不失，故生灭宛然而未曾生灭，故世谛中即是真谛假。

问：此与上何异？

答：虽同生灭为俗，不生灭为真，但不生有三种：初方言破定性生明不生；第二方言破假生明不生，此中有异，破定性生但破不收，破假生亦破亦收；第三方言约平道门，本来不生故言不生，不言破病也。

注释

① **八不**：龙树在其著作《中论》卷一篇首最早提出"八不"说："不生亦不灭，不常亦不断，不一亦不异，不来亦不出。能说是因缘，善灭诸戏论；我稽首礼佛，诸说中第一。"用以否定一切事物与概念的真实性。吉藏吸收了这种说法，以"八不"为"中道"，为扫荡一切有所得心之一种方便。

② **八迷**：指执"生、灭、常、断、来、出、一、异"八种错误观点。

③ **五句**：此处指"生""灭""不生不灭""亦生灭亦不生灭""非生灭非不生灭"五个方面。

④ **四句**：即吉藏所谓的"初章四句"，是三论宗为初学者所立的总纲。据吉藏《中观论疏》卷一，四句指以下几个方面：一、无有可有，无无可无；二、由无故有，由有故无；三、有不自有，无不自无；四、不有有，不无无。

译文

第六、论述二谛与中道的问题。先以八不角度谈中道，后就二谛论中道。就第一个问题而言，又可分为三个方面：第一方面，所以把八不放在第一位置者，是想以此去掉人们的一切有所得心。自谓有得之辈，无不陷于此八方面中。如小乘认为有正确见解之"生"与惑见之可"灭"，乃至对众生而言，有因无明的"来"，也有返本归源的"去"。现在八不从横的角度破八种迷执，从纵的角度穷究五句。为了使小乘的生灭心不生，所以说"不生不灭"。既然破了生灭，则不生不灭、亦生灭亦不生灭、非生灭非不生灭这五句话也自然不能成立。进一步说非生非不生是中道，那么生而不生即是假名。假生不能说是生，也不能说是不生，这就是世谛的中道。假不生不能说是不生，也不能说是非不生，这就是真谛的中道。这是就二谛分开来论中道。但世谛的生灭是无生灭的生灭。第一义谛的无生灭是生灭的无生灭。然而无生灭的生灭，又怎么能是生灭？生灭的无生灭又怎么能是无生灭？所以说非生灭非无生灭就是由二谛合起来论述中道。

第二方面，之所以论三种中道，是因为为了使佛从得道夜至涅槃夜常说的中道问题更加突出。又学佛教人说，三种中道不能成立就会堕于偏执，所以针对此三种中道不能成立而分析论述三种中道。

问：就什么观点而言，学佛教人说三种中道不能成立？

答：是就这样的观点说：因缘之法要灭故不常，但假名却存故不断。我们认为不常就是断，不断就是常，在不常不断中只见断常，因此这并不是中道观点。为了对治这三种不能成立的中道，我们来阐明三种真正中道。我们知道，所谓中道，无生灭的生灭是俗谛中道，生灭的无生灭是真谛中道；无生灭的生灭又怎能是生灭？生灭的无生灭又怎能是无生灭？所以非生灭非无生灭是合二谛所论之中道。

问：最后所论的中道与前二者有什么差别？

答：前二者所论之二谛中道，是针对因缘假名而立，破实性之中。第三合论双双泯灭假立之二谛，是体之中，也可以把它看是因缘假立，这样说也是为了表明中道之理。前面这段话又可分为四个层次论述。首先从三论宗教学所倡的基本"四句"出发，知求实性之有无不可得，基于此说非有非无，也就是中道。外道之人闻说非有非无，便认为真俗二谛不再存在，便起断灭之见。因此第二便说既有又无之二谛，来破其断心。第三为了说明既有又无之二谛是中道，是因缘所没之有无，不同于那种实性之有无，所以就阐明二谛用之中道，既破有又破无。第四为了转变人们以假有、无为二的观点，所以阐明二谛之体中。首先讲性空，其次阐明假有，第三论用之中，第四说体之中，所以就有了这样四个层次。这是摄山的僧朗与兴皇寺的法朗所首创与发展之说。有了这四个层次，能够理解四层之义，也就了解法师所立"中、假、体、用"四层深意。

再进一步分析，第一，非实性之有无作为中道，这是"假"前面之"中"意；第二，既有又无之二谛是"中"之后"假"义；第三，以假有非有，假无非无为二谛合论中道，是"假"之后的"中"义。

问：破实性之中，以随机而设说明中道，为什么既说"中前假"又说"中后假"呢？

答：所谓"中前假"，尚未说体之中，所以先明假义，也就是上面所说的破实性"中"后的"而有而无"。所谓"中后假"是在阐明"用之中"与"体之中"以后说"而有而无"，正是由动入静，由静而起常用，也即是以方便之智来教化众生。又可以说"中前假"是从用入体，"中后假"是从体起用。

问：第一方面破诸师迷执，第二方面破诸师说三种中道不能成立，这有什么区别呢？

答：第一方面破外道执实性的八种迷执，破执实性而明中道之理。但是摒除外道诸师之执后，发现如成实诸法师等又执"有无中"为实性之"有无中"，因此第一方面破外道迷执，第二破诸法师之执。所以要摒除一切有得之执。

第三方面，世谛是假生假灭，而假生不生，假灭又不灭，既不生又不灭即是世谛中道。非不生非不灭是真谛之中道。二谛合论中道，就是非生灭非不生灭。

问：这与上面说法有什么不同呢？

答：这里有两种意思：第一、世谛之生是不生。因为色即是空，所以不生即是世谛。而真谛不生是从互为条件的层面上而说的，因世谛的生所以知真谛不生。第二、世谛中道的不生不灭，是真谛假的一面，这并不是为破实性生灭之执而所明之中，而是为说明世谛的假生。虽有生但不实在，世谛之假不存，虽灭而不消失，所以尽管生灭宛然似存，但实际上生灭并不存在，这就是世谛之中道，这即是真谛的假。

问：这种生灭论与上面所论有何不同呢？

答：虽然同以生灭为俗谛，不生不灭为真谛，但不生却有三种：第一方面以破实有生而阐明的不生。第二方面以破假生而阐明的不生。这两者也是有差异的，破实有生只破不取，破假生既破又取。第三方面从中道出发阐明本来就不生,所以才说不生的道理,不执于破之偏病。

原典

第二,就二谛明中道。此中有三意:第一,单义论单复;第二,复义论单复;第三,就二谛论单复。就初有两,初正明单复,后明互相出入。今先正论单复中假义,偏说一假有不说无,是单假。偏说一假无不说有,亦是单假。偏说一非有即是单中,非无亦尔。双说假有假无,是复假。双说非有非无,是复中。次释其所以,凡有二义:一者为利根人说单假,约钝根人说复假。正言,利根之者闻一悟十,故若闻说假有即解假无,乃至闻说非有即解非无,所以不劳具明两义。为钝根之人随言得解,若不具说,无有玄悟,所以双明两义也。二者为钝根人说单,为利根人说复。为钝根之人不堪受圆教,所以且说单义破其执;若利根人堪受圆教,所以为说复义,便皆领受。

次明互相出入有八句:第一,从单假入单中,或言,假有不名有,从有入非有,无亦例尔;第二,从单中出单假,或言,非有假说有,非无假说无;第三,从复假入复中,假有不名有,假无不名无,有无入非有无；第四，从复中出复假，非有非无假说有无；第五，从单假入复中，或言，假有不名有，假有不名无，从假有入非有非无，假无亦例尔；第六，从复中出单假，或言，非有非无假说有，非无非有假说无；第七，从复假入单中，有无即非有；第八，从单中出复假，非有假说有不有，非无假说无不无。

次释所以有二义：一者破众生执实之病，随计随遣，所以遂有多句；二者大士观行神通自在，无有隔碍故。或眼根入正受等，不复委释。《大品》云："或从散心中起入灭受定[1]，灭受定起入散心中也。"第二就复义论单复亦有二：初正明单复，二明出入。……第三阶就二谛论单复有两：一，正明单复；二，出入。

注释

[1] **灭受定**：也称灭受想定，指灭尽六识之心与心所而不使之生起的一种禅定。

译文

第二，就二谛阐明中道，这里有三种意思：第一，以"单"义论述"单复"；第二，从"复"义论述"单复"；

第三，就"二谛"论"单复"。就第一义，又分为两门：一，从正面论述单复；二，阐明单复之关系。先从正面论述单复中假义，从一方面单说一个假有而不说无，是单假；从一方面单说一个假无而不说有，也是单假；从一方面单说一个非有就是单"中"，非无也是如此。既说假有又说假无，是复假；既说非有又说非无，是复中。为什么这么说呢？有两重意义：一，是为那些具有利根的人说单假，为钝根人说复假。这是因为具利根之人，闻一能悟十。如果闻说假有，即能理解假无的道理，乃至闻说非有，即能理解非无之理，因此不必具说两义、复义。而具有钝根之人，必须随人的言说得到解悟。如果不全面地说，就不能全悟，所以从两方面讲此两义。二，是为钝根之人说单义，为具利根之人说复义。这是因为具钝根之人不能领受圆教之义，所以暂说单义，以破其执着之见；而具利根之人能接受圆教之义，所以为他们讲复义，他们便能领会接受。

其次阐明单复之关系，有八句话：第一、从单假入于单中，也可以说假有非真有，所以从有入于非有，假无也同此例；第二、从单中引出单假，或者说非有所以假说有，非无所以假说无；第三、从复假入于复中，假有不真有，假无不名无，因而从有无入于非有无；第四、从复中引出复假，因非有非无，假说有无；第五、从单假入于复中，也可以这么说，假有不能说是有，假有不能说是无，从假有可道入非有非无，假无亦同于此例；第六、从复中引出单假，也可以这么说，非有非无假言说有，非无非有假言说无；第七、从复假入于单中，假有假无即是非有；第八、从单中引出复假，非有假言说有与不有，非无假言说无与不无。

为什么这么做呢？有二重含义：一是破众生执着实有之病，随着众生的计执而随时排遣，因此就有此八句；二是具有成佛根机之人的思想与行动都是具有神通而自在的，其间没有任何阻碍，所以从一眼根或别的就能入于正确之禅定中，这里就不再详细解释。《大品般若经》说："可以从散漫之心开始入于灭尽六识的定中，亦可以从灭尽六识的定中开始入于散漫之心中。"第二，以"复"义来论述"单复"，此也有两方面：先从正面论述"单复"，再从二者互入之关系论。……第三，就二谛来论述"单复"，也有两方面：一，是正面论述单复，二，是从二者互出互入关系论。

原典

第七、重明相即[①]，次辨二谛相即。……龙光二谛异体，开善一体。今明，二谛非一非异，离四句为体。

亦明，非一非异，非不相离即，非即是即，离四句为即。若于谛为论，谓二谛各体，约两情为异；若约无所有为论，空有皆无所有，故言一体。若教谛为论，约用有二体，约中道为论，终是一体。

问：若尔，与他一异有何异耶？

答曰：他人二谛，定境定理，定一定异。今明，于谛如空华，眼病故见空华，无有一异，无华故不得言与空一体。教谛者，非有非无假说有无，未曾有无，不得有二体，亦不得言一体，故与他人异。

注释

① 相即：指不二、不离，二种性质不同的东西相互依存并可引转为等同之关系。

译文

第七，论述相即，即二谛相即之关系。……龙光法师讲二谛各有其体而不同，开善大师以为二谛是一体故用即是"即"。我认为二谛既非一也非异，是以远离"一、异、亦一亦异、非一非异"四句为体的。进一步说，非一非异，非不相离就是"即"，"非即"就是

"即",离开"四句"就是即。如果就"于谛"说,因为人们妄情分别有无不同,所以二谛各有其体,又就一切都无所有为论,空有都是无所有,所以只说一体。如果就"教谛"而言,从其用讲有二体,从中道观点讲,只有一体。

问:如果这样,那它与别的"一体""异体"的说法有什么区别?

答:别家所论之二谛,都是指确定之境界,确定之理,确定之一与确定之异。而我认为"于谛"如同虚空之花,只是人眼生病才见此虚空之花,因而并没有"一与异"的问题。因为没有所谓的花,所以也就不能说它与空为一体。从"教谛"角度看,本来非有非无,假言故说有无,本来未曾有"有无",所以也就没有二体,也不能说是一体,因而与他人说法不同。

原典

摄法第八。论二谛摄法,为当尽不尽耶?常有三解:第一、庄严[①]云:"二谛摄法不尽。"所以然者,若是惑因感虚果,此即是世谛。虚果故可空,即是真谛。而常住佛果体非虚假,故非世谛,不复可空,故非真谛。引《仁王般若》云:"超出二谛外。"第二、开善解二谛摄尽，故云，法无不总，义无不该者，真俗之理。舒之即无法不是，卷之即二谛尔已。故《大品》云："设有一法出过涅槃者，我亦说如幻如梦，大涅槃空如来空。"第三、冶城解云："佛果为真谛所摄，而非俗谛。"所以然者，佛果是真实之法，无复虚假，举体妙绝，故真谛。举譬如水本澄渟，以风潮因缘，故生波浪。若风息浪静，还复本水之清。内合本唯真谛之理显，烦恼之风起致生死之浪，生死既息，还一真之理。故《大经》云："世谛生死时名生，不生死者尽也。"

不生死即是佛果，生灭言世谛。今并不同：第一解佛果出二谛外者，《大品》云："不见有法出法性者，是名与般若相应。"今还有一法出二谛外，即非相应也。不同第二解者，若言佛果为二谛摄，即佛果定在二谛之内，定是有无。《成论》云："佛虽在世不摄有无，况灭后耶！"《中论》云："如来在世，不言有与无；如来灭后，不言有与无。"云何有无所摄也？不同第三解者，若言佛果唯是真谛无世谛者，即失机照之能也。

问：今时所明二谛，摄法尽不尽耶？

解云：大乘经具有二文，此并是如来方便为缘之说。有时为缘说二谛摄法尽，有时为缘说摄法不尽，具有尽不尽二种法门也。又欲令摄尽即尽，欲令摄不尽即不尽，无所妨碍。何者？一家有单复六种二谛，前后明三种二谛。有时有三谛：有谛、无谛、非有非无中道第一义谛。有时摄三谛为二谛，有无并世谛，非有非无为第一义谛；乃至二不二为世谛，非二非不二为第一义谛。就此义得无有出二谛。

注释

① **庄严**：即庄严智旻，为南北朝著名的成实三师之一。

译文

第八，论二谛摄法的问题。关于二谛包摄万法是全部还是部分，一般有三种说法。第一，庄严法师说："二谛包摄的法并不是全部。"之所以这么说，是因为由迷惑之因生不实之虚果，是世谛，因是虚果故空是真谛，但佛果是常住的，其体也不虚假，所以不是世谛；佛果也不能再是空，所以也不是真谛。引《仁王般若经》说："（佛果）超出二谛之外。"第二，开善法师认为二谛能含摄一切法，因此说能总括万法，穷极一切义理者，不出真俗二谛。展开来说，万法错综，总起来说即是二谛而已。所以《大品般若经》说："假设有一法能超于涅槃之外，我也说它是如幻影如梦境，极至之涅槃是空，如来也是空。"第三，冶城大师说："佛果是真谛所包摄，而不是俗谛。"所以如此，是因为佛果乃是真实之法，不再是虚假，整个都是十分绝妙的，所以是真谛。举例说来，水本来是澄清的，因为有风的缘故，生起波浪。如若风停浪息，就恢复水原本之清静。人之内心本来也是只有真谛的理显现，因为有烦恼之风生起，道致有生死之浪。若生死之浪平息，则还归于一真之理。所以《大涅槃经》说："世谛在有生死时其名产生，不生死时世谛便没有了。"

不生死就是"佛果"，生灭是世谛。这些说法我都不能同意。不赞成第一种认为佛果在二谛外的观点，是因为《大品般若经》说："没有法能超出法性之外，这是与般若的观点相对应的。"如果说还有一法超出二谛之外，那它非是般若之法。不同意第二种观点，是因为如说佛果为二谛所摄，则佛果就一定在二谛之内，一定是有与无。但据《成实论》说："佛即使在世之时，也不说有无，况且灭度之后！"《中论》也说："如来在世，不说有与无；如来灭后，也不曾说有与无。"怎么能够说有无摄佛果呢？不同意第三种观点，是因为如果说佛果只是真谛而无世谛，就失去了随机施设之用。

问：那么你所说之二谛，是尽包摄万法，还是不尽？

答：大乘经中这两种说法都有，都是如来方便因缘之说。有时因条件说二谛尽包摄一切法，有时因条件则说二谛摄法不尽，有尽与不尽两种说法。进一步说，如想使二谛包摄万法全部即摄法尽，如想使二谛摄法不尽则不尽，二者无所妨碍。为什么呢？因为前面立有单复六种二谛，就单复各有三种二谛。有时说三谛，即有谛、无谛、非有非无的中道第一义谛；有时以三谛合为二谛，有与无都是世谛，非有非无为第一义谛；乃至以"二不二"为世谛，非二非不二为第一义谛，就这个意义上讲，一切法没有能超出二谛之外。

原典

问：何故以二谛为教门？

答：以有无为教，略有五义：一对理明二谛是教，以理无二，故非有非无。今说有说无，故有无为教。二者望圣人体有无未曾有无，今说有无，此为教缘，故有无为教。三者为拔见，旧义执有无是理，由来既久，即二见根深难可倾拔，摄岭大师对缘斥病，欲拔二见之根，令舍有无两执，故说有无能通不二理，有无非是毕竟，不应住有无中，有无为教。四者以有无是诸见根，一切经论盛呵二见，斥于有无。如凡夫著有，二乘著无；又爱多者着有，见多者着无；又四见①多者著有，邪见多者执无；又佛法中，五百论师②执有，闻毕竟空，如刀伤心；方广③执无，不信因果；又为九十六种外道④所执不出有无。诸佛出世，复云有无是二理者，便增诸见心，何由可拔？故今明有无是教门，能通不二之理，不应住有无中，以欲息诸见故，经论明有无是教门。五者禀教之徒，闻有无是教，能通正道，超凡成圣，故有无是教。

问：以何文证二谛是教？

答：文处甚多，举一经一论。论云："佛依二谛说法。"故二谛为教。《大品》云："菩萨住二谛中，为众生说法，为著有者说空，为著空者说有。"经论佛菩萨皆明二谛是教。

注释

① **四见**：指大乘佛教四句的推理方式。以一异为例，其格式如下：第一句是正，如一；第二句是反，如异；第三句是合（兼），如亦一亦异；第四句是离，如非一非异。佛教认为这四句并非对事物的真实说明，若执着四句以为真实，则成四见。

② **五百论师**：指小乘佛教的不同派别。据《大智

度论》卷六十三："是声闻人著声闻法，佛法过五百岁后，各各分别，有五百部。"

③ **方广**：指方广道人。指大乘中附佛法之外道。方广，即方正广大之意，系指大乘。道人，即"学道之人"意。自语义而言，系指大乘之学者；但据《大智度论》卷一载，方广道人乃误解大乘空之真义，而主张虚无主义之一派。小乘犊子部立补特伽罗说，承认有我之实体；大乘之方广道人则执着于空之思想（即恶取空），不承认因果。

④ **九十六种外道**：指佛教之外的种种教派。据《大智度论》，六师外道各有十五弟子，加六师外道，共为九十六种外道。

译文

问：为何以二谛为教门呢？

答：以有无为教，大概有五重意思：一者因佛理而知二谛是教化之门，因为理不是可分别的，所以说非有非无，而现在又说有说无，故而有无是教；二者从佛体中探求有无是得不到的，而现在所说有无，只是一种教化的机缘，所以有无是教；三者为拔除诸种邪见，以前的旧义中执着有无是理，由来已久，执有无的二邪见根深蒂固，难以顷刻之间除掉，摄山的僧朗大师针对此种情况，想去除二邪见之根，令邪执之人舍弃有无，所以假说有无能通向不二之理，但有无不是究竟之理，不应住于有无中，因此有无是教门；四者以有无是诸种邪见之根，所以一切经论就大肆批评此二见，贬斥有无。比如说凡夫执着有，二乘执着无；欲望多的人执有，见闻多的人执着无；持四见的人多执着有，邪见多的人多执无；又如佛教内部五百小乘论师执有，闻听说毕竟空，如用刀刺伤心一样；而方广道人执无，不相信因果之理；又九十六种外道所执着的，不出有无二者。这些针对种种不同情况而说的有无，在诸佛出世之后，还以此为二种实理，就只能增加邪执之心，怎么还能解脱呢？所以要说有无是教化之手段，能够道向不二之理，不应该执着于有无。因此说为了息灭诸种邪见，经论说有无是教。五者本来就以二谛为教的人，认为有无是教化之手段，它能道向正确之道，能使人超凡成圣，所以有无是教。

问：以什么经论能证明二谛是教呢？

答：说这种道理的经与论很多，现仅举出一经一论证明这种说法。论中说："佛依于二谛讲说佛法。"所以二谛为教。《大品般若经》说："菩萨依据二谛，为众生讲说佛法，为执着有的说空，执着空者说有。"因此看来经论中的佛与菩萨都说二谛是教。

原典

问：若以五义二文证二谛为教者，今亦以五难二文明二谛非教。一者，若二谛是教者，佛说时即有，不说即应无二谛。若尔，本以二谛生于二智，佛不说二即无二智。既无二谛，佛何所照有二智[①]？二者，若世谛是教，六度等行皆是世谛。佛不说世谛即无世谛，便无六度等行。若尔，但有诠教法宝，便无涅槃法宝。三者，二谛为境，发生二智，二谛名境界法宝。若二谛是教，但有诠教法宝，亦无境界法宝。若言教生智故转名境者，佛不说教即无教可转，便无有境。四者，若二谛是教，色等万法皆是世谛，世谛既是教者，色等万法亦应是教。若尔，佛不说世谛，即无色等万法。五者，世谛是教者，世谛唯有教火，应无实火用。若火唯是教，口中说火即应烧口。次二文证二谛非教。若言真谛是教者，经云："有佛无佛，性相常住。"而教即有佛方有，无佛即无，何即得常住？经云："十二因缘，有佛无佛，常自有之。"故知，世谛非教。

答：谛有二种：一、于谛，二、教谛。于谛者，色等未曾有无，而于凡是有，名俗谛；约圣是空，名真谛。于凡是有名俗谛故，万法不失；于圣是空名真谛故，有佛无佛，性相常住。教谛者，诸佛菩萨了色未曾有无，为化众生故，说有无为二谛教，欲令因此有无悟不有无故，有无是教。而旧义明二谛是理者，此是于谛耳。于谛望教谛，非但失不二理，亦失能表之教。

注释

① **二智**：此处指观照真谛而得之无分别根本智与观照俗谛而得之有分别之俗智。

译文

问：如果你用"五义二文"来证明二谛是教，那么我也可以用五难二文来证明二谛不是教。第一，如果说二谛是教，佛说到它们时才有，如果不说，就应该没有二谛。如果这样的话，本来以为由观二谛生出二智，但如佛不说二谛的话，就应无二智，既然没有二谛，佛应观察什么才会有二智？第二，如果世谛是教，六度等佛教修行便都是世谛。佛不说世谛时，世谛就无，也就没有了六度等通向涅槃的修行。这样说来，就只有解释教的法，没有通向涅槃之路的法。第三，二谛作为境界，是发生二智的观照对象，因而二谛叫做境界之法。但如二谛是教的话，就应只有解释教的法，没有境界的法。

如果你说从教中生出二智，然后再转变为境界，那么佛不说教时，也没有教能转变，也便没有了境界。第四，如果二谛是教，那么色等诸法都是世谛，世谛是教则色等诸法也应是教。假若如此，佛不说世谛就没有色等万法。第五，如世谛是教，世谛就只能以教为最终目的，以此推论，实存之火就应该没有用处，因为如果火只是教，那么张口说火时，火就应烧到人的口唇。再以二文来证明二谛不是教。假如说真谛是教，就有违于经中所说："不管有佛还是无佛时，佛之性相是常存的。"因为就教而言，有佛才有教，无佛就没有教，那么性相假如是教，怎么能常住呢？经中还说："十二因缘，不管有佛无佛，都是常存的。"由此也可知世谛不是教。

答：谛有两种：一是于谛，二是教谛。所谓于谛，就是说色等未曾有有无的问题，而对于凡人说就是有，是俗谛；对于圣人来说就是空，是真谛。对于凡人是有叫做俗谛，所以万法不会失去；对圣人来说空是真谛，不管有佛与无佛，其性相是常存的。所谓教谛，是佛菩萨知色等未曾有有无的问题，为了教化众生，提出了有无为二谛的教化手段，想以此有无来使人觉悟不有无，所以有无是教。而以前旧义中认为二谛是理，这只是于谛。于谛相对于教谛，不仅失掉了不二中道之理，也失去了阐明义理的教的作用。

原典

辨教第九。常途诸师，顿、渐、无方①三种判教。于渐教中有五时②二谛：初四谛教时，事理二谛；般若教时，空有二谛；《净名经》褒贬二谛；《法华经》三一二谛；《涅槃》教常、无常二谛也。今义菩萨、声闻藏判于佛教。今明，小乘明事理二谛，一切大乘经通明空有二谛。

注释

① **无方**：即无一定之方所、方法，也称不定。

② **五时**：即鸠摩罗什之弟子慧观所立五时判教说：（一）三乘别教，即吉藏后文中指的四谛教；（二）三乘通教，指《般若经》所讲的教理；（三）抑扬教，指《净名经》所讲的抑声闻，赞菩萨的义理；（四）同归教，即指《法华经》所讲之会三乘归一乘的教理；（五）常住教，指《涅槃经》所讲之佛常住于涅槃之义理。

译文

第九，论判教。一般上诸法师有三种判教：顿、渐、无方。在渐教中又有五时二谛的说法：第一四谛教时，说事理二谛；般若教时，说空有二谛；《净名经》说有褒贬二谛；《法华经》说会三归一二谛；《涅槃经》说常与无常二谛。我现在用菩萨与声闻来判整个佛教学说。那么就只有两种二谛：小乘说事理二谛，一切大乘经都说空有二谛。

原典

明同异第十。有两师：一者空假名①，二者不空假名②。不空假名者，但无性实有，假世谛，不可全无，如鼠喽栗。第二空假名，谓此世谛，举体不可得。若作假有观，举体世谛。作无观之，举体是真谛。如水中案瓜③，手举瓜令体出，是世谛；手案瓜令体没，是真谛。

今明义，就此两义为三阶：一往俱非前二解，不同食栗者，假有法恒不空，假壁内空无性，岂非即有是空耶？所以亦不同第二解者，若没举体空，即无复世谛；若出时举体俗有，无复真谛，亦不得并，有时便空，空时便有。第二阶，会时，亦并得会，虽复有而空，即空而有。但言空时，亦不失有，言有时，亦不伤空，还同第一不空世谛义，而未始有一有而不空，无有一空而不有。空时举体空，有时一切有，亦得还同第二空世谛义,第三阶,一取一舍,硕乖食栗,取用案爪,从来二谛,不成案爪义,从来有二理各别,岂得称为案爪二谛?

今始得用此义,以唯是一爪,本非出没,譬如唯是一道,非有非无,而爪用中,有时而出,有时而没,譬二谛用,或时说俗,或时说真,所以始是案爪义。此譬亦小分之说,爪没时不出,出时不没,今无有"有"时不空,"空"时不有,此处不齐,不得举出没为譬。今出无别出,还是没者出;没无别没,还是出者没。故空无别空,说有者为空;有无别有,说空为有故也。

注释

① **空假名**:按吉藏的说法,此说是成实论师开善智藏之观点。

② **不空假名**:是毗昙学者所持之观点,认为色不尽空,分析为空。

③ **爪**,当是"瓜"字之误。

译文

第十,论同异。先有两种说法:一是空假名,二是不空假名。所谓不空假名，是指性无但却又假色存，虽然世谛是假，但不是全无，如老鼠吃栗子，里面的实已吃完，但外壳却仍存。第二所谓空假名，是指世谛整个地不可为有。如果作假有观的话，外法整体都是世谛；如作无观的话，外法又整体是真谛，如同在水中按瓜，手向上举，瓜体就露出，是世谛；手按瓜使其体没入水中，是真谛。

现在以正确的观点把上述两种意思说为三重：首先全部否定前两种观点。之所以不同于老鼠吃栗子这种观点，是因为假有之法永远不空，但假壳内却是无性故空，这岂不就是说有即空？之所以也不同意第二种观点，是因为若瓜没于水中则空，就不再有世谛；若瓜显现水面则有，就不再有真谛，亦不能同时成立有时便是空，空时便是有。其次，如果肯定的话，二者都能肯定。虽然有即是空，空即是有，但说空时，也不失去有。如果只说有时，也不妨碍于空，这就同第一的不空假名。而如果讲未曾有一种"有"不空，未曾有一"空"而不有，空时便全体是空，有时便一切都有，这就同第二空假名的说法相同。第三，肯定一种说法，否定一种说法。也就是说否定"食栗"的那种说法，而采用"按瓜"的说法。以前的所有关于二谛的讲法都不曾说其是"按瓜"之义，因为空有二理相别，怎么能说是

"按瓜"二谛呢？

我首先采用了这种说法，用本是一瓜，本来并无所谓出没，来比喻只是一种道理，并没有"有"与"无"的分别。而用瓜于水时出时没比喻二谛应用时，有时说俗谛，有时说真谛。"按瓜"之喻也不是同我的说法完全一致的，也稍有出入，例如瓜没入水中时就不出，出于水面时不没，而讲"空有"时并不存在有时不空、空时不有这种情况。此处就存在了不对应的关系，不能用瓜之出没来比喻二谛。我自己的观点是：瓜"出"不是别的东西"出"，而还是沈没的东西"出"。"没"时没有别的东西沈没，仍是"出"的东西"没"。因此"空"不是别的什么"空"，而是"有"者为"空"；"有"时也不是别的什么"有"，只是说"空"是"有"也。

2　卷二

原典

八不义有六重：

第一、辨大意，第二、明三种中道，第三、论智慧中道，第四、杂问，第五、论单复诸句，第六、明不有有。

译文

八不义有六个方面：

第一，辨明大意，第二，阐明三种中道，第三，论述智能中道，第四，对一些问难的答复，第五，论述单复的九个句式，第六，论述不有有。

原典

第一、辨大意者。八不者，盖是诸佛之中心，众圣之行处也。故《华严经》云："文殊法常尔，一切无畏人，一道出生死，更无异趣也。"即是论初八不。故竖贯众经，横通诸论也。故经云："不一亦不二，不常亦不断，不来亦不出，不生亦不灭也。"又经中明百非，非与不及无，三名亦得通目一法，亦不无其异，不得一向一种，后别明之。异者，如不有非有，及与无有，不得不异义。如食，无食则未曾有食，若言不食，则非是无食，故知有异也。虽异而为洗诸法，即明三字不异，还是一意。以八不洗除，尽净诸法，故经中具有百非，即还是百不百无等，故多有所关义。所以竖入群经之深奥，横通诸论之广大也。

明经之深处，即是八不。不则不于一切法也，以不而明义，故知其深奥也。如《成论》等释，虽言百非、百不及与绝等，而有理存焉，谓得还成失，即是小乘观行有所得，不离断常心，非关经之深远也。今明，以不而为义，义即该广也。言竖者，谓之纵，纵只是深，即经之深旨。如言非不无等，亦复不于无等，经之深处也。

横通诸论者，横只是广阔之称，亦为对治药病，如有无相治等，悉是横论。如言有即为横，不有为竖，亦如绝为横，不绝为竖。若不绝为横，则非绝非不绝为竖。以不义据初，如是深不亦于不，何所而不不？如言为横，不言为竖，横竖亦不定，随而望之。若有无断常相治为横，病息药除故为竖，故以随处得论，而言八不竖入经深者，深义经也。

横通诸论者，辨论破病用。经未始无横，如三修[①]八倒[②]断常相破，论未始不明竖，如《十二门论》[③]言："若使无有有，云何当有无，有无既已无，知有无者谁？"岂非远竖义！故经明深竖不义，不义不有有故，未始无横，论辨而明药病，药病无而明不，未始无竖，不不一切，以不明义，岂不穷深？深义亦不，即是菩萨观行；若谓有此深远，即是声闻观也。然不义，非止入经深，亦广明众行，行波若之因，会涅槃之果，皆为八不所不，不此深胜法，以不而为深义，深义亦不也。

注释

① 三修：有声闻三种修与菩萨三种修。声闻仅知一切有为法无常，故修无常修，菩萨知法身常，故作常修；声闻仅知世间之苦，故作非乐修，菩萨知涅槃之乐，故知乐修；声闻只知五蕴皆空，故作无我修；菩萨

更知在诸法无我中更有真我存在，故作我修。

②**八倒**：指凡夫与小乘之人的八种错误见解。凡夫认为世间是常、乐、我、净，而小乘则认为不存在常乐我净，故是非常、非乐、非我、非净。

③《**十二门论**》：三论之一，龙树著，鸠摩罗什译于公元四〇九年，共一卷，此书以十二门论述空义，是三论宗所依重要经典之一。

译文

第一，辨明八不的大意。八不者，是诸佛义理的中心，是众多圣人的行动准则。所以《华严经》说："文殊菩萨之法常常是这样的，一切无畏之人，除了坚定地要脱离生死外，别无异趣。"这就说的八不的开端。由此可见，八不纵向看贯通众经，横向看贯穿诸论，所以经中说："不一亦不二，不常亦不断，不来亦不出，不生亦不灭也。"又经中常说百非，还立有非、不、无三种名目，这三者可以视为一种法，但不能说没有异处，并不是完全相同，以后再详细论述这个问题。不同的法，如不有、非有、无有，是不能不加以区别的。比如说食，无食就是未曾有食物，如说不食，则不是没有食物，因此知其区别。虽然含义不完全相同，但为清洗诸法的有得，就说这三种含义一致，只是一意思。用八不来清除外界诸法，故经中所说的"百非"，也即是"百不""百无"，所以说它们的意思多有关联。因此说八不从纵向看，深入众经的深奥之处，横向则贯通广阔的诸论。

阐明经中的深奥道理的就是八不。"不"就是否定一切法，用"不"来说明义理，故知八不之深奥。但如《成实论》等的解释，虽然也说"百非""百不""百无"，但他们认为有实理存在，这就是有得便成过失，就是小乘的观行中的有得之心，不离于断常，因此这种说法不是经的深层意思。现在我们以"不"作为经之深义，此意即十分广泛普遍。从"竖"来说，"竖"就是"纵"，"纵"就是"深"，也就是经中的深刻含义，如讲"非""不""无"等时，也是对本身的否定，这就是经的深义。

所谓横贯诸论，横是广阔的意思，如药与病，有与无的相互对治，都是横论。如果说有是横，则不有为竖；如果绝是横，则不绝为竖；如果不绝为横，则非绝非不绝为竖，把"不"放在当头，像这样深义的"不"仍然要说"不"——否定，那么还有什么东西不能说不呢？如果说"言"是横，那么不言就是竖，横竖也不是一定之论，而是随机而设。如果有、无、断、常相对是横的话，病愈而药除就是竖，因此横竖之说也是随情形不同而不同。说八不深入于经中，是为明经的深义。

说八不横贯诸论，是为说明其破斥邪病的作用。但是经中并非没有横论，如经中说三种修、八种颠倒、断常相对治；论中也并非没有竖论，如《十二门论》说："假如无与有都实有的话，那么什么是有无呢？有与无既然已无，那么知有无的为何人呢？"这岂不是离竖义不远！所以说经深明"不"义，"不"之义，是针对有说不有，因此不是没有横论；诸论辨论而阐明药与病之对治，药与病没有了，就表明了"不"义，所以不是没有竖义。"不"就是否定一切，以"不"来说明义理，岂不深刻？深刻之义理亦是"不"，这就是菩萨之观行；如果说实有此深远之义理，即是声闻人之观行。但"不"之义并不只止于明经深义，也广泛地来说明众多的行为，从因位之般若，到果位之涅槃，都被"八不"所破，否定这种深奥而殊胜的法，以"不"作为最深之义理，但这种深义也应当破。

原典

第二、明三种中道①。今大乘无所得义，约八不明三种中道，言方新旧不同，而意无异趣也。山中师②对寂正作之，语待不语，不语待语，语不语并是相待假名，故假语不名语，假不语不名不语，不名不语不为无，不名语不为有，即是不有不无世谛中道。但相待假故，可有说生，可无说灭，故以生灭合为世谛也。真谛亦然，假不语不名不语，假非不语不名非不语，不名非不语，不为非不无，不名不语，不为非不有，则是非不有非不无真谛中道也。相待假故，可有说不灭，可无说不生，即是不生不灭，故合为真谛也。

二谛合明中道者，假语不名语，假不语不名不语，非语非不语，即是非有非不有、非无非不无二谛合明中道也。生灭不生灭合明，类此可寻也。今明，必须对他故起，他有有可有，则有生可生，有灭可灭。有生可生，生是定生。有灭可灭，灭是定灭。生是定生，生在灭外。灭是定灭，灭在生外。生在灭外，生不待灭。灭在生外，灭不待生。生不待灭，生则独存。灭不待生，灭则孤立。如斯生灭，皆是自性，非因缘义宗也。今则不尔，无有可有，以空故有。无生可生，亦无灭可灭，但以世谛故，假名说生灭。假生生非定生，假灭灭非定灭。生非定生，灭外无生；灭非定灭，生外无灭。灭外无生，由灭故生；生外无灭，由生故灭。由灭故生，生不独存；由生故灭，灭不孤立。此之生灭，皆是因缘假名，因缘生生而不起，所以不生；因缘灭灭而不失，所以不灭。故不生不灭名为世谛中道也。余句例之可寻，不复具出也。

次明对世谛有生灭故，名真谛不生不灭，所以空有为世谛，假生假灭；有空为真谛，假不生假不灭。此不生不灭，非自不生不灭，待世谛假生灭，明真谛假不生灭。世谛假生灭既非生灭，真谛假不生灭亦非不生灭，故非不生非不灭为真谛中道也。余句亦例之可知也。

次明二谛合中道者，有为世谛，有生有灭；空为真谛，不生不灭。此不生灭，即是生灭不生灭。此生灭，即是不生灭生灭。不生灭生灭，是则非生灭；生灭不生灭，是即非不生灭。故非生灭非不生灭，是二谛合明中道也。生灭既尔，余句应例可解也。

注释

① 三种中道：由成实论师首先提出后三论宗师认为其所论之"世谛中道""真谛中道""非真非俗中道"都是针对实性生灭、有无而说，并不反映中道精神。三论宗论三种中道又有新旧二义，旧义为僧诠所立，以"生灭合"为世谛中道、"不生不灭合"为真谛中道、"生灭不生灭"为二谛合论中道。新义为吉藏所立，以"不生不灭"为世谛中道，"非不生非不灭"为真谛中

道,"非生灭非不生灭"为二谛合论中道。新旧二义言语稍有不同,但立义并无差别。

② 山中师:即是僧诠,为了与同住摄山的三论宗师"摄岭师"僧朗相区别,后人称其为"山中师"。

译文

第二,以八不来论述三种中道。……现在用大乘无所得的深义,就八不来讲三种中道。这里有新旧两种说法,但其所倡之意并无不同。僧诠从正面论述这个观点。言语有待于不言语,不言语有待于言语,言语与不言语都是相互依赖、互为条件的假名,因此说假名的言语不能说是言语,假名的不言语也不能说是不言语,不能叫作不言语就不是无,不能叫作言语也不是有,这就是不有不无的世谛中道。但是因为由相待故假,有就可以说是生,无就可以说是灭,所以生灭和合就是世谛中道。真谛也是这样,假名不言语不是真的不言语,假名非不言语不是真的非不言语,不是真的非不言语也就不是非不无,不是真的不言语就不是非不有,则非不有非不无是真谛中道。进一步说,由相待之假,就有说不灭,就无说不生,这就不生不灭和合而为真谛中道。

所谓二谛合明中道,假名言语不是言语,假名不言语不是不言语，非言语非不言语，就是非有非不有，非无非不无，这就是二谛合明中道。由生灭不生灭合明中道，类似上面，也可以引出来。而我（吉藏）认为必须针对别的不正确的说法来论述，他们认为既然有有可有，则有生可生，有灭可灭。有生可生，这是定性之生。有灭可灭，灭也是定性之灭。生如是确定之生，则生应在灭之外。灭如是确定之灭，则灭应在生之外。生在灭之外，则生不依赖于灭。灭在生之外，则灭不依赖于生。生不依赖于灭，则生是独立存在。灭不依赖于生，则灭是孤立之灭。像这样论述的生灭，都是实有其性，并不是以因缘之义来立宗的。我认为不是如此：没有单独的有可有，因为空才有有。没有单独的生可以生，也没有实存的灭可灭，只是因为世谛的缘故，才假名说生灭。假生之生不是定性之生，假灭之灭不是定性之灭。生不是确定之生，灭之外就没有生；灭不是确定之灭，生之外就没有灭。灭之外没有生，由于灭才有生；生之外没有灭，由于生才有灭。由灭才生，生不是独存之生；由生才灭，灭不是孤立之灭。这个生灭，都是因缘假名，由因缘而产生并不是真生，所以是不生；由因缘而灭并不是真灭，所以是不灭。所以不生不灭，就是世谛中道。八不中其余六不，推论与此相同，不再详细论述。

其次，针对世谛说有生灭，所以真谛就是不生不灭，因此空之有为世谛，是假生假灭；有之空为真谛，是假不生假不灭。这个不生不灭，并非独立地不生不灭，而是依赖于世谛的假生假灭，才有真谛的假不生灭。世谛假生灭，既然不是生灭，那么真谛的假不生灭，亦不是不生灭，所以非不生非不灭为真谛中道。余六不以此类推可得。

接下来看由二谛合论中道。有是世谛，是有生有灭；空是真谛，不生不灭。这个不生灭是生灭的不生灭。这个生灭即是不生灭的生灭。不生灭之生灭，则是非生灭；生灭的不生灭，则是非不生灭，所以非生灭非不生灭是二谛合论中道。生与灭既然如此，余六不也类此可推。

原典

第三、明智慧中道。所言二智中道者，二智是方便慧及以实慧，亦具三中道也。实方便，岂可言方便？岂可言非方便？方便实，岂可言实？岂可言不实？则是二慧各明中道。实方便则非方便，方便实则非实，非实非方便名为二慧合明中道也。然非实非方便，名为一正观[①]；非真非俗，名为一正中[②]，亦得是正境故。

《金光明经》云："游于无量甚深法性也，但是境智③，是则非智。既是智境，是则非境，非智非境，眇然无际。前虽开境智，竟无所开；今虽泯智境，未曾是合也。"若能如此演说，即能灭诸戏论故，亦有能说是因缘，是故龙树致敬也。

注释

① **正观**：即正确之见解，三论宗人以无得为正观。
② **正中**：正确之中观。三论宗以八不为正确之中观。
③ **境智**：所观之理，称为境；能观之心，名为智。

译文

第三，论述智慧之中道。所谓二智中道，指二智方便智慧与实智慧，也具有三种中道。实智慧是方便岂能是真方便？岂能是非方便？方便智是实智岂能是真实，岂能说是不真实？这是由二智慧各自论述中道。实智的方便则是非方便，方便智的真实则是非实，既非实亦非方便，则是由二智慧合起来论述中道。然既非实智也非方便智，就是一种正确之见；既非真也非俗，就是一种正确的中观，也可以说正确之理。

所以《金光明经》说："深入于无量的深奥的法性中，我们就能知道能观正理的智，实际上是非智。由能观之智观所观之境，则境是非境。既非智亦非境，缥缈而无边际。前面虽然论述了境与智，实际上什么也没说。现在虽然泯灭了智境之别，但它们并未曾一致。"如果能像这样说，就能灭掉诸种戏论，也就是说一切都是因缘，因此龙树对此也能敬佩。

原典

第四、杂问难。

问：八不明中假①二谛，自心所作，有出处耶？

答：有文有理，文则八不，处处经论散出，但《菩萨璎珞本业经》下卷云："二谛义者，不一亦不二，不常亦不断，不来亦不去，不生亦不灭也。"又《大经》②二十五《师子吼品》云："十二因缘，不生不灭，不常亦不断，不一不二，不来不去，非因非果。"与《中论》次第小异而意同也。理则二谛是教，故假生假灭等是世谛，假不生假不灭是真谛，故具明中假义也。

注释

① 中假：三论宗以中假之二谛立宗。吉藏《中观论疏》卷一说："不有有则非有，不无无即非无。非有非无，假说有无，此是中假义也。"

②《大经》：即指《大般涅槃经》。系宣说如来常住、众生悉有佛性、阐提成佛等之教义。

译文

第四，对一些问题的回答。

问：用八不来论述中假之二谛义，只是你自己从心中想出来的，它有出处吗？

答：既有文字的根据，也有理论上的根据。从文字上讲八不的，经论中处处都分散有。但《菩萨璎珞本业经》下卷说："所谓二谛之义就是不一也不二，不常亦不断，不来亦不去，不生亦不灭。"又《大般涅槃经》卷二十五《师子吼品》说："十二因缘就是不生不灭，不常也不断，不一不二，不来不去，既非因也非果。"这种说法与《中论》中的说法次序稍有不同而意思相同。从理来说，二谛是教化之方法，所以假生假灭等就是世谛，假不生假不灭是真谛，这都说明了非有非无的中假义。

原典

问：八不、八非、八无是一是异？

答：亦可一，亦可异。是一眼目异名也。异者八不中为正，故八不无对，非等有对故异也。

译文

问：八不、八非与八无是一致还是不同呢？

答：也可以是一致，也可以是不同。说其是一，是因为它们如同眼与目一样名异义一。说其不同，是因为八不以中道为正见，所以八不没有对象的限制，而八非、八无有此限制，所以不同。

原典

问：假不假宁异耶？

答：对假生假灭，明假不生假不灭，此假不生等，皆是不二中道之用。除假生、假灭与假不生、假不灭等，不生非不生，不灭非不灭，方是正中也。故假不生假不灭，如假生、假灭，悉是假，亦是用，亦是末也。不生不灭中，如非不生、非不灭中，皆是中，亦是体，亦是本也。虽体用与中假等开，而无踪迹。非体、非用、非中、非假，强名体、用、中、假等也。

问：《中论·四谛品》云："因缘所生法，我说即是无，亦是假名，亦是中道。"则是三义云何耶？

答：明此偈多种势，今一种意释之。此一偈有三句，即胜八不，八不正是一中道句。言因缘所生者，是因缘所生之生灭法，此所生之生灭，既从因缘而生，故无可为生，无可为灭，只是空生空灭。所生既空，能生此生灭之因缘亦空。能生所生既并无故，言我说即是无也。故《中论·观法品》云："生时空生，灭时空灭也。"《涅槃论》①云："王宫生，生而不起；双林灭，灭而不无也。"亦是假名者，即是第三句②。以假故，有能生之因缘；以假故，有所生之生灭。假生不名生，假灭不名灭也。以假生灭不名生灭，故即是第三句不生不灭中道，故云亦是中道义也。

大乘论明义有二种法门：一、云义次，二、谓根缘次也。义次者，必须前后相生，始终次第也。根缘者，有疾即除，有缘即说，不必须前后相生也。明因缘义则总，若识因缘者，名为佛法；不识因缘，则非佛法。故《中论·四谛品》云：若见因缘，则见佛与法也。今破外因缘，则总破众病。申佛因缘，则总申佛教也。故因缘在论初也。

注释

①《**涅槃论**》：是《大般涅槃经论》的略称。共一卷，达磨菩提译。

②"第三句"，据上下文来看，应为"第二句"。

译文

问：假不假有区别吗？

答：针对假生假灭，才说假不生假不灭，这个假不生不灭等都是不二之中道的用。在假生假灭与假不生假不灭外，不生并非不生，不灭亦非不灭，才是真正的中道。所以假不生假不灭，如同假生假灭，都是假，也是用，也是末。而不生不灭的中，与非不生非不灭之中，都是中，也是体，也是本。但虽然有体用与中假的分别，而这些都是并非实在的，既非体也非用，也非中，也非假，强给它们一个名称就是体用中假等等。

问：《中论·四谛品》说："因缘所生法，我说即是无，亦是假名，亦是中道。"那么这三义表达的是什么意思呢？

答：说明这个偈语可以从多个角度，现在用一种意思来解释。这个偈有三句话，就相当于"八不"，而

"八不"正是对中道的一种解释。所说因缘所生者,是指因缘所生的生灭之法。这个由此而生的生灭法,既然是从因缘而生,所以就没有真正的生,也没有真正的灭,只是空生与空灭。所生之法既然是空,那法道致生灭产生的因缘也应是空。能生之因缘与所生之法既然都是无,所以就"我说即是无"。又《中论·观法品》说:"生时只是空生,灭时只是空灭也。"《大般涅槃经论》说:"王宫产生,但是生而不起;双树之林灭,但是灭而不无。"这就是假名,就是第三句话。因为假的缘故,有能生的因缘;因为假的缘故,有所生的生灭之法。假生不是生,假灭不是灭。因为假的生灭不是生灭,就是第三句的不生不灭中道,所以说"亦是中道义"。

大乘的论著认为义理有两种法门:一是义次,二是根缘次。所谓义次,指说义理必须依前后相生,始终的次序而说。所谓根缘,就是指有病就除,有因缘就说,不一定按照前后相生来说。因此看来因缘之义是总纲,如果理解了因缘,就是理解了佛法;如果不知因缘,则不是佛法。所以《中论·四谛品》说:若能见因缘义,就能见佛与法。现在破掉外道因缘,就是总的破众多的病执。倡明佛教的因缘义,就是总的倡明佛教。所以因缘放在《中论》的开端。

原典

问：因缘语通，故生与不生皆是因缘。八不但是不生，云何言因缘即是八不也？

答：八不不生，此是因缘不生，故不生即得生也。故《中论》云：如经中说，若见因缘即名见法，见法即见佛也。若不见因缘，即不见法，不见法即不见佛也。此是借因缘破不因缘也。故《大经》云："是诸外道，无有一法不从因缘生。佛性不尔，不从因生。"故是借不因缘破因缘也。

问：佛性既非因缘，是无因以不？

答：亦得。故云涅槃无因而体是果，然佛性非因亦非果也，故《中论》具有二义：如破无因等外道计故，说十二因缘①，此是借因破无因。又文中破四缘②生，故是借非因缘破因缘，至论正法，未曾是因缘及不因缘也。

问：能说是因缘，善灭诸戏论，与因缘所生法，二处因缘，是因缘是同是异？

答：既云两处，宁得是同？复是假名因缘，那得异？而意同也。今大乘明因缘义，因者如依因③、习因④、生因⑤等，并是说缘为因。若如四缘等，皆是说因为缘。若缘缘于因，因即是缘，缘义为因。若因因于缘，缘义亦因，故因缘义通。而言八不不生不灭等为因缘，但因缘义无差别差别，开为三义：一者当体得因缘名，只八不是因缘故。何者？因不生故不灭，不灭故不生，则八不是因缘，只八不不生等，是言说故，无非因缘故，云当相是因缘，名八不为因缘，佛八不不一切故也；二者八不是因缘本，故名因缘，则因缘空，坏因缘故。八不非因缘，既八不不一切，不生不灭等，亦不因缘与不不因缘，岂得当体是因缘？是故因缘本也；三者破因缘已得名，如毗昙辨六因⑥等，明诸法等也。今明，八不不一切，辨无因缘法，破外道因缘义，故名因缘。然备有此三义，遂得悟不同，抑没不无浅深之异，而具有三义，名《观因缘品》⑦也。

注释

① **十二因缘**：也称十二有支，是佛教用因缘观察人生所得的结论，包括无明、行、识、名色、六处、触、受、爱、取、有、生、老死等十二条。

② **四缘**：是小乘与大乘共同认为的一切有造作事物借以生起的四种条件，概括了一切因缘。它包括：因缘、等无间缘、所缘缘、增上缘。

③ **依因**：即指所依之因，事物生起的外在条件。

④ **习因**：即因与果相似之因，如善的行为有善的

结果。又称同类因。

⑤ **生因**：即指具有自生其果的能力的因，如稻种能生稻芽。

⑥ **六因**：小乘说一切有部把四缘中起间接作用的等无间缘、所缘缘和增上缘归结为能作因，把具有直接生果功能的因缘又详分为五类，即俱有因、同类因、相应因、遍行因、异熟因。合起来共有六因。

⑦《观因缘品》，指《中论》之《观因缘品》。

译文

问：由因缘之义故知生与不生，都是因缘。但八不仅仅是不生，为何说因缘就是八不呢？

答：八不所谓不生，这是由因缘才不生，因此不生也就是生了。因此《中论》说：如经中所说，如果悟见因缘之义，即见到了佛法，见到了佛法即见到了佛。如果不悟见因缘之义，则不见法，不见法，也就见不到佛。这是借因缘来破斥不因缘。又《大般涅槃经》说："诸多外道，没有一法不从因缘而生。佛性却不如此，是不从因而生。"这是借不因缘来破斥因缘。

问：佛性既然不是因缘，那么它是无因的吗？

答：也可以这么说。因此涅槃是无因但其体是果，而佛性却既不是因也不是果。《中论》中有两重意思：比如破斥无因的外道观点，因此说十二因缘，这是借因来破无因。又《中论》曾破斥四缘之生，故是借非因缘来破斥因缘，至于说正确之法，则既不是因缘也不是不因缘。

问：能说是因缘，善灭诸戏论，与因缘所生法，这两处所讲的因缘，都是因缘，是相同还是不同？

答：既然说是两处，怎么是同？又是假名的因缘，怎么是异？因其用意相同。现在大乘所说的因缘之义，因如依因、习因、生因等，都是以缘为因。而如四缘等都是说因为缘。如果缘以因为缘，那么因即是缘，缘之义就是因。如果因以缘为因，则缘之义就是因，所以因缘之义相通。说八不之不生不灭等为因缘，因缘义与八不义之间无差别与差别的关系，可分为三义：一，当体就是因缘，八不整个就是因缘，为什么呢？因为不生才有不灭，不灭才不生，所以八不就是互为条件的，也就是因缘。这八不的不生等又是一种言说，还是因缘，因此说就其表相来说是因缘。说八不是因缘，因为佛教之八不是否定一切有得之见；二，八不是因缘之本，所以叫因缘，则因缘应当是空，八不破坏因缘之义。八不并非因缘，这是因为八不否定一切，如不生不灭等，也否定因缘与不因缘，八不怎么会当体是因缘呢？所以八不是因缘；三,八不由破因缘而得因缘之名,如毗昙辨明六因,论明诸法。现在八不否定一切,辨明没有因缘之法,破斥外道因缘之义,所以说因缘。然而因此三种意,遂由得悟方法之不同,但没有深浅之不同。而具有这三种意的论述是在《中论·观因缘品》中。

原典

第五、辨单复中假义,有三意：第一、明单义论单复,第二、明复义论单复,第三、辨二谛单复义。①

注释

① 本段论单复义大多同于二谛义中论单复,故略。

译文

第五,用单与复的几种句式来论述中假义,有三重意思：第一,就单义论述单复关系,第二,就复义论述单复关系,第三,由二谛论述单复之关系。

原典

第六、料简不有有也。若了单复诸句，则解不有有义；若不了单复，不有有亦难解，故须广辨也。……不有有若相对而解释，有十六意也。

第一、不有有者，明其道非有非无，而结为有，故言不有有也。然只结正道为有，不论其用，体无二相故。若结为有，不得结为无，结为无，不得结为有，此是结独义。只道非有复非无，非是有而结为有故，言不有有也。约不无无类然也。

第二、不有有，就假上明之。三假有是不有有也，他假有是有故有，今假有是不有有也。

第三、不有有者，道非有非无，而侧出有一用故，言不有有。然道非有非无，而起用应双起，而但起一用，故言侧出也。不无无亦然也。

第四、不有有者，明用假有非是有，故言不有。结用归体，体是有故。今言不有有也，此异前约体上言不有有，亦异第三体不有是有。而起一有用，此但以不特名用，用不是有，而体是有，故言不有有也。不无无类之。

第五、不有有者，为破有执故，执者谓有是有，不知不有为有故。今破者，明有非有故有，乃是不有有。

此是以有破有，但能破是不有有，所破是有有也。约不无无类也。

第六、不有有者，为破无执执法是无，今以不有有破之。若以有有破无，此乃是敌义，故执不去；今以不有有破无，无而得去，故言不有有也。不无无亦尔也。

第七、不有有者，破一切有，若有有若不有有，皆以不特不之，故言不有。而起一切有用，若有有若不有有为用故，合言不有有也。不无无亦类也。以不特不一切无，故言不无，而起一切无为用故，合不无无也。

第八、不有有者，重进明义，明不有则不一切有一切无，合空故言不有；而起一切有一切无为用故，合言不有有。不无无亦尔也。不无以不于一切有无，故言不无，而起一切有无，故言不无无。然起一切有无用，此用应是有，何得言是无？然今望本为言，此有无起不有无故，此有无故是无也。又从他所起，皆无体故是无也。

第九、不有有者，横门明义，不有自有，以无为有，故言不有有。然以无为有故，是以不有为有，故言不有有。不无无亦类也。以有为无，故言不无无也。……

译文

第六，论述不有有。如果了解了上面所说单复的几种句式，则能理解不有有义；如果不理解单复的几个句式，不有有也难理解，所以必须广泛地论述。……不有有如从不同角度来解释，有十六层意思：

第一，不有有，因为从中道讲是非有非无，而归结起来是有，所以说不有之有。只说正道为有，不管其用，是因为正道体没有二种相。如假说为有，不能再说为无，假说为无，不能再说为有，这是就单独一方面义说。只讲非有非无，不是有而说为有，因此就有不有之有。就不无之无论，也同于此。

第二，不有有，就"假"来说明，三假之有是不有之有也。别人讲的假有是由有才有，而我现在所说之假有是不有之有。

第三，不有有，中道非有非无，但仅从一方面讲有一种用，所以说不有之有。然而中道是非有非无，当讲它的用时，就应该有有无两方面，这里只讲一用，所以说其是就一方面说用的。不无之无也是同样之理。

第四，不有有，因用之假有不是有，所以说不有。把用归于体，则体是有。这里所说不有之有，不同于前面就体上说不有之有，也不同于第三所说体不有而有。

而这里说一用之有，只是以"不"来特别强调用，用并不是有，而体是有，所以说不有之有也。不无之无也类似于此。

第五，不有有，是为了破斥对"有"之执，执"有"者认为假有就是有，不知不有才是有。现在我们破斥这种执：假有不有所以才有真正的有，这乃是不有之有。这是用有来破斥有，但是能破的主体是不有之有，所破的对象是假有之有。就不无之无论也是如此。

第六，不有有，是为了破斥执无之人执着于法是无。我们用不有之有来破斥：如果以有来破斥无义，这乃是一种敌对之见，所以"执"不能去掉；现以不有之有来破斥无，执无之观点才能破除，所以要讲不有之有。不无之无也是此义。

第七，不有有，要破一切之有，像"有有"像"不有有"，都用不来特别地否定掉，所以说不有。但就其用来说，像"有有"像"不有有"之用，所以合起来说，就是不有有。不无之无也类似于此，以不来否定一切无，所以说不无，但又有一切无之用，所以合起来说，就是不无之无。

第八，不有有，进一步来阐明这重意义，讲不有则否定一切有一切无，合起来都是空所以不有；但生起一切有一切无的用，所以说不有之有。不无无也是这样。

不无以不来否定一切有无，所以说不无，但有一切有无用，所以说不无之无。但如果有一切有无之用，这种用应当是有，怎么能说是无？这是因为从本质上看，这种有无又导致了不有无，所以有无是无。进一步说，有无与不有无都是从别的东西生起，都没有实体，所以是无。

第九，不有有，从横的方面看，不有自有，有以无为有，所以说不有之有。实际上以无为有，就是以不有为有，所以说不有之有。不无无也是如此。以有为无，所以说不无之无。……

3　卷三

原典

佛性[①]义十门：

一、大意门，二、明异释门，三、寻经门，四、简正因门，五、释名门，六、本有始有门，七、内外有无门，八、见性门，九、会教门，十、料简门。

注释

① **佛性**：与法性、如来藏、实际同为一性，但就众生之性上讲即是佛性，就非众生言就是法性、实际。佛性虽有不变、不改之义，但有隐显净染之不同。众生因无明而不见佛性。

译文

佛性之义可分为十门：

一，释佛性之大意，二，说明几种不同的佛性观，三，寻找典籍的根据，四，论述正因佛性，五，解释佛性之名字，六，阐述佛性本有始有，七，论理内或理外有佛性，八，论见佛性，九，综合诸种经典的说法，十，简要的综述。

原典

甘药停山，由来已久。圆珠沉水，实自积时。而随其流处，六味①不同。竞捉瓦石，三乘成异。谬言羊角②之刀，复据如绳之像，敢承佛意？轻布弱言，庶得影现镜中，面还得所？少失乡土，名为弱丧。不知反本，称曰无明③。荡识还原，目为佛性。

注释

① **六味**：指苦、酸、甘、辛、咸、淡六种味道。
② **羊角**：佛经中常用羊角比喻烦恼，金刚比喻武器，金刚虽坚但亦能为羊角所坏，喻佛性虽净，亦能

为烦恼所障。

③ **无明**：即指愚痴。乃对于佛教真理之错误认知。

译文

（第一解释佛性的大意。）良药居于高山之上，由来已久。宝珠沉于水中，也有时日。但世间不得良药而妄称之良药到处散布，所以有六味的不同。不得宝珠，竟把瓦石作宝珠，所以有三乘不同。错误地以羊角为刀，又把绳作为蛇，这怎么能是秉承佛的意图呢？而又散布错误的言论，怎么能使身影出现于镜中，还其本来面目呢？从小就远离家乡，就叫作弱丧。而不知返回本来面目，就叫作无明。去掉错误之认识而返回其本原，自然就是佛性。

原典

异释第二。古来相传释佛性不同大有诸师。今正出十一家，以为异解。……然十一家，大明不出三意。何者？第一家以众生为正因①，第二以六法②为正因，此之两释，不出假实二义③。明众生即是假人，六法即是五阴及假人也。

次以心为正因，及冥传不朽、避苦求乐及以真神、阿梨耶识，此之五解，虽复体用真伪不同，并以心识为正因也。次有当果与得佛理及以真谛、第一义空，此四之家，并以理为正因也。

注释

① **正因**：此处指正因佛性。据《大般涅槃经》（北本）："众生佛性亦二种因：一者正因，二者缘因。正因者谓诸众生，缘因者谓六波罗蜜。"（大正十二·页五三〇下）。

② **六法**：指五蕴色、受、想、行、识和由此而构成的人。

③ **假实二义**：即指假之人与实之五蕴。

译文

第二，对佛性的几种不同解释。从古以来相传解释佛性不同意思的有很多，现在只列代表性的十一家，作为不同的看法。……然而十一家的说法中，总起来说不超出三种意思：第一家以众生为正因佛性，第二以六法即五蕴及由其组成之假人为正因佛性，这两种说法合起来看，不出假与实二种含义；因为众生就是假有之人，而六法就是五蕴与假有之人。这就是第一重意思。

第三，以心为正因佛性、以冥传不绝的识神为正因佛性、以避苦求乐以及真神、阿赖耶识为正因佛性，这五种看法，虽然有体用真伪的不同，但都是以心识为正因佛性。第三有以当果之理、得佛之理、真谛以及第一义空为正因佛性的见解。但这四种看法，都是以理作为正因佛性。

原典

今次第须破之。第一师①以众生为正因者，今只问，何者是众生，而言以此为正因耶？经云："若菩萨有我相、人相、众生相，则非菩萨。"又言："如来说众生即非众生。"正因本为菩萨，经既说言有众生相则非菩萨，宁得以众生为正因耶？故知有众生者皆是妄想，何可以妄想颠倒得为正因耶？又若以众生为正因者，只问昔日初教已明有众生不？若初教已明有众生者，便应初教已明正因佛性。彼释言，初教已明众生，但未说为正因耳。若尔，后教说众生为正因者，还指初教众生以为正因不？若尔，初教众生，理中已是正因；若理中已是正因者，则理中已明佛性也。

若不可言初教已辨佛性者，云何以众生为正因耶？又汝引经言一切众生悉有佛性，故知众生是正因佛性者，不然。既言众生有佛性，那得言众生是佛性耶？若言众生是佛性者，可得言一切众生悉有众生，一切佛性悉有佛性不？若不得者，故知众生与佛性有异，不得言众生是佛性也。

又难第二家[②]。经云："佛性者不即六法，不离六法者。"言此是何语，而横引之！此文乃明佛性非是即六法，复非是离六法，何时明六法是佛性耶？若言不离六法故六法是佛性者，复言不即六法故六法非是佛性。此语若为得通，明知以不解读经故，所以致谬耳。

注释

① **第一师**：持众生为正因佛性的为梁代僧旻。
② **第二家**：指六法为佛性的是梁代的智藏。

译文

现在我们依次来破斥上面三种观点。第一家以众生为正因佛性，现在问这一家什么是众生，为什么依此作为正因佛性？经中说："若菩萨有我相、人相、众生相，则它就不是菩萨。"又说："如来说众生就不是众生。"正因佛性本指菩萨，但经中说有众生相就非菩萨，怎么能以众生为正因佛性呢？因此知道有众生之相都是妄想，而妄想颠倒是不可能作为正因佛性的。再进一步说，假若以众生为正因佛性，我们就提出这样一个问题：最初的言教中有没有讲众生是佛性？如果已说众生是佛性，则最初的言教中就应已讲了众生是正因佛性的问题。但他们却解释说，最初的言教中虽然说众生是佛性，但并未说为正因佛性。但按照他们的说法，后来的言教说众生是正因佛性，还是把最初言教中的众生当作正因佛性？如此，则最初言教中的众生，从理上讲就是正因佛性；如果从理上讲已是正因佛性，则众生即是佛性。

那么你既然说最初言教中不可说众生是佛性，为什么还要以众生为正因佛性呢？另外假设你据经中说一切众生悉有佛性，故得出结论说众生是正因佛性，这也是不正确的。虽然说众生具有佛性，但怎么能说众生是佛性呢？如果能说众生是佛性，那么能说一切众生悉有众生，一切佛性悉有佛性吗？如果不能这么说，就能知道众生与佛性不同，不能说众生是佛性。

再来驳斥第二家观点。经中说："佛性不即是六法，但又不离于六法。"这句话究竟是什么意思还没弄懂，你们就胡乱地引用。这句话是说明佛性不即是六法，又不离于六法，什么时候讲六法是佛性了？如果经中说佛性不离六法所以六法是佛性的话，那么经中又说佛性不是六法，则六法又不是佛性。这些道理如果能成立的话，就可以明确地知道是因为不了解经之真意，所以出了错误。

原典

次问中有五家。虽复五解言异，或体或用，而皆是心家体用。前第三家以心为正因佛性①者，不然。经云：有心必得菩提者。此明有心之者必得菩提，何时言心是正因佛性耶？于时畏有如此谬故，即下经云：心是无常佛性常。故心非佛性也。经既分明，言心非佛性而强言是者，岂非与佛共诤耶？心既不成，心家诸用，冥传不朽②、避苦求乐③等，悉皆同坏也。《大涅槃经》处处皆明佛性，是故时人解佛性者，尽引《涅槃》为证。何处文辨冥传不朽、避苦求乐为正因佛性耶？《胜鬘经》云："若无如来藏者，不得厌苦乐求涅槃者。"此正明由如来藏佛性力故，所以众生得厌苦求乐，何时明厌苦求乐是正因佛性耶？彼师云，指当果为如来藏，以有当果如来藏故，所以众生得厌苦求乐者，不然。

《性品》[4]云:"我者即是如来藏,如来藏者即是佛性。"明佛性本来有之,如贫女宝藏,何劳指当果为如来藏?且当果体犹尚未有,而能令众生厌苦求乐,岂非是漫语者哉?若据人证者,旧来谁作如此释?此是光泽法师一时推画,作如此解。经无证句,非师所传,故不可用也。乃至第八阿梨耶识,亦非佛性。故《摄大乘论》云:是无明母,生死根本。故知六识七识乃至八、九,设使百千无量诸识皆非佛性。何以故?皆是有所得,五眼[5]所不见故。

注释

① 以心为正因佛性,也属于智藏的说法。因为众生扩大则为六法,缩小则为心。

② 以冥传不朽为佛性是法安的观点。因为识神冥传不朽,构成轮回的主体,所以冥传不朽指识神。

③ 以避苦求乐为佛性是法云的观点。

④《**性品**》,指《涅槃经》之《性品》。

⑤ **五眼**:指肉眼、天眼、慧眼、法眼、佛眼等五眼。

译文

第二，驳斥中间的五家之说。虽然五种观点言语相异，或者就体上说或就用上说，但都是心之体用。首先我们来看第三家以心为正因佛性的观点，这种观点是不对的。经中说：有心者必定能得菩提。这只是说有心的人必能得菩提，何时说心是正因佛性呢？经中怕出现如此的错误，所以在下面又说：心是无常而佛性是常。这样看来心并不是佛性。经中既然分明说心不是佛性，而强说心是佛性，岂不是非要和佛说对抗吗？心是佛性之说既然不能成立，则由心产生的诸种用如冥传不朽的识神，识神之避苦求乐的特性等等也都不能成立。《大涅槃经》中处处讲佛性的问题，所以当时人解释佛性常常引《涅槃经》作为证据。那么什么地方讲冥传不朽、避苦求乐为正因佛性呢？《胜鬘经》说："如果没有如来藏性（佛性），则不能得到厌苦与乐求涅槃的目标。"这只说明由于有如来藏之佛性，所以众生才能厌苦求乐，何时说过厌苦求乐是正因佛性？他们又辩解说，我们所指如来藏佛性是就果位、就将来可能性上说的。因为此，才说众生能厌苦求乐。这是不正确的。

《涅槃经·性品》说："我就是如来藏，如来藏即是佛性。"这里说明了佛性是本来就有，如同贫女的宝藏，何必非到当果时才有如来藏？况且就当果说，如来藏之体尚未成立，而说它能令众生厌苦求乐，岂不是胡说吗？如果从人证这方面来看，过去谁作过此解释？这是光泽法师的一时心血来潮而作如此解释。经中并没有证据，也非祖师相传，所以不能采用这种说法。进一步来看，第八识阿赖耶识也不是佛性，所以《摄大乘论》说：（阿赖耶识）是无明之母，是生死之根本。所以知六识七识乃至八、九识，假使有成百上千无量的诸识的话，它们都不是佛性。为什么呢？都是有所得，但五眼不能见。

原典

次有第三四家，并以理为正因佛性，而不无小异。前之两家，以当果①与得佛之理②为正因佛性者，彼言是世谛之理。次有两家，以真谛③与第一义空④为正因佛性者，此是真谛之理也。以第一义空为正因佛性者，此是北地摩诃衍师所用。今问：若依《涅槃》文，以第一义空为佛性者，下文即言，空者不见空与不空名为佛性，故知以中道为佛性，不以空为佛性也。真谛为佛性者，此是和法师、小亮法师所用。

问：真谛为佛性，何经所出？承习是谁？无有师资，亦无证句，故不可用也。当果为正因佛性，此是古旧诸师多用此义。此是始有义。若是始有，即是作法，作法无常，非佛性也。得佛理为佛性者，此是零根僧正所用。此义最长，然阙无师资相传。学问之体，要须依师承习。

今问：以得佛理为正因佛性者，何经所明？承习是谁？其师既以心为正因佛性，而弟子以得佛理为正因佛性者，岂非背师自作推画耶？故不可用也。通论十一家，皆计得佛之理。今总破得佛之理，义通十一解，事既广，宜作三重破之。

第一、作有无破，只问得佛之理，为当有此理，为当是无？若言是有，有已成事，非谓为理。若言是无，无即无理，即堕二边，不得言理也。

第二、作三时破，只问：得佛之理，为是已理？为是未理？为是理时有理？若言已理，则理已不用，无复有理。若言未理，未理故未有。若言理时有理者，若法已成则是已，若法未有则堕未，故无别第三法称为理也。

第三、即离破，只问：得佛之理，为当即空？为当离空？若言即空者，则早已是空，无复有理；若言离空有此理者，空不可离，岂得离空而言有理？又离空而有理者，则成二见。经云：诸有二者，无道无果。岂可以二见颠倒为正因耶？作此三条推求不可得，非唯四家义坏，通十一计皆碎也。

问：破他可尔，今时何者为正因耶？

答：一往对他则须并反。彼悉言有，今则皆无；彼以众生为正因，今以非众生为正因；彼以六法为正因，今以非六法为正因；乃至以真谛为正因，今以非真谛为正因；若以俗谛为正因，今以非俗谛为正因。故云非真非俗中道为正因佛性也。

注释

① 以当果为佛性是道生的主张，就是从将来可以成佛上说众生具有佛性。

② 从得佛之理上讲佛性是慧令之观点，就是以一切众生本有得佛之理为正因佛性。

③ 以真谛为佛性是以宝亮为代表的人所持的观点。

④ 以第一义空为佛性是北方涅槃师的共同看法。

译文

我们再来看第三的四种观点，他们都把理作为正因佛性，但又不无小的差异。头两家以当果与得佛之理作为正因佛性，他们认为这是世谛之理。后两家以真谛与第一义空为正因佛性者，这是真谛之理。以第一义空为正因佛性，这是北地涅槃师的说法。现在问：如果依据《涅槃经》把第一义的空作为佛性，那么经的下文中又说，空就是指不见空与不空，才是佛性，由此知经中是以中道为佛性，不以空为佛性。以真谛为佛性，是和法师、宝亮法师的观点。

问：以真谛为佛性，是什么经典所说？由谁传承？既然没有传承，也没有经文作证，所以这种观点不能采用。以当果为正因佛性，这是过去许多法师都采纳的观点。如果就当果都可以成佛说，那就是佛性为始有，既是始有，则为有作为之法，而有作之法是无常，而不是佛性。以得佛理为佛性，是慧令的观点，此种观点传播最广，可惜没有祖师传承。学问之大体，关键要依法师传习。

现在问下列的问题：以得佛之理为正因佛性，是什么经所说？继承者是谁？进一步问，他的老师以心为正因佛性，而弟子却以得佛理为正因佛性，岂不是违背老师而自作主张吗？因此看来，这种观点也不可用。总起来看十一家的观点，都是计执众生有得佛之理。现在总起来破斥得佛之理之执，其深义遍于十一家。但解释很多，也应分三重破斥：

第一，用有无破得佛之理。现在我们问，得佛之理，应当是有此理，还是无此理？若说是有，有即成事实，不再是理。若说是无，无就是没有理，就堕于断常二边见的境地，也不能说是理。

第二，用三时来破得佛之理。现在我们问，得佛之理是过去已有之理？还是将来才有之理？或是得佛理时才有理？若说是过去已有之理，则这种理已不起作用，所以不再有理。若说是将来有之理，但尚未有也就是没有理。若说得佛理时才有理，这也是不能成立的，因为如得佛之理已有则成为过去，如未有则理也未有，只有这两种情况，并没有另外的第三种法称作理。

第三，以即或离来破得佛之理。我们现在问，得佛之理是即空，还是离空？如说即空，则早已是空，不再有理；如说离空而有此理者，因为空不能离，怎能说离空而有理？再者离于空而有理，则成为有无二见。经中说：诸有二见者，既不能得道也没有得果。岂能以二种颠倒之见为正因佛性？作了这三方面的推论与破斥，不仅第三的四家之观点不能成立，总起来的十一家观点都不能成立。

问：破斥别家观点已经可以了，那么你以什么为正因佛性呢？

答：针对前面的观点，我们说相反的意见。他们都讲有，我就说无；他们以众生为正因佛性，我们就以非众生为正因佛性；他们以六法为正因佛性，我就以非六法为正因佛性；乃至他们以真谛为正因佛性，我今以非真谛为正因佛性；他们以俗谛为正因佛性，我就以非俗谛为正因佛性。因此说非真非俗之中道才是正因佛性。

原典

寻经第三。……今时一师，每以《涅槃经》为证。然此一教，处处皆明佛性。故《哀叹品》^①中琉璃珠喻，亦是具足明佛性义。如是《如来性品》皆明佛性义，乃至《师子吼》《迦叶》广明佛性事，义乃显然。故一师所引文句，以《师子吼》文为正也。故师子吼菩萨问言："云何为佛性？以何义故名为佛性？"如是凡有五问佛性，如来次第答。

答第一问言："善男子，汝问云何为佛性者，善男子，佛性者，名第一义空。第一义空名为智慧。"斯则一往第一义空以为佛性，又言第一义空名为智慧，岂不异由来义耶？今只说境为智，说智为境。复云："所言空者，不见空与不空。"对此为言，亦应云所言智者，不见智与不智，即不见空除空，不见不空除不空，除智又除不智，远离二边，名圣中道。又言："如是二见，不名中道。无常无断，乃名中道。"此岂非以中道为佛性耶？是以除不空则离常边，又除于空即离断边，不见智与不智，义亦如是，故以中道为佛性。是以文云佛性者，即是三菩提[2]中道种子也。是故今明第一义空名为佛性，不见空与不空，不见智与不智，无常无断名为中道，只以此为中道佛性也。

若以此足前十一师，则成第十二解。然若识正道，知道无有一，岂复有二释于其间哉？而言第一义空为佛性者，非是由来所辨第一义空，彼明第一义空，但境而非智，斯是偏道。今言智慧，亦非由来所明之智慧，彼明智慧但智而非境，斯亦是偏道义，非谓中道也。但中道义难识，具如二谛中辨，非中非边，不住中边，中边平等，假名为中。若了如是中道，则识佛性；若了今之佛性，亦识彼之中道；若了中道，即了第一义空；若了第一义空，即了智慧；了智慧，即了金光明诸佛行处；若了金光明[3]诸佛行处，则了此经。云光明者，名为智慧。若了智慧，即了佛性；若了佛性，即了涅槃也。

注释

①《哀叹品》以及以下的《如来性品》《师子吼》《迦叶》均为《涅槃经》中之品名。

② **三菩提**：梵语之音译，意为正等正觉。

③ **金光明**：佛教徒用金和光明来比喻佛法的深奥与普遍。天台宗智𫖮则更以金喻法身、光喻般若，明喻解脱。

译文

第三，寻找典籍的根据。……现在道朗法师每每以《涅槃经》作为讲佛性的证据。但此经中处处都论佛性，所以《哀叹品》中琉璃之珠的比喻，也都是说明佛性。像《如来性品》也都是论佛性之义。乃至《师子吼》《迦叶》也都集中说佛性，其意思十分明显。所以道朗法师所引的文句都出自《师子吼》。师子吼菩萨问说："什么是佛性？在什么意义上说才为佛性？"像这样问佛性有五处，如来依次作了回答。

回答第一问说："善男子，你问什么是佛性，现在我告诉你善男子，佛性就是第一义空，第一义空就是智慧。"这就是前面北方涅槃师所认为的第一义空为佛性的根据。但是如来还说第一义空是智慧，这岂不又异于前面的说法？现在我们只讲境理是智慧，智慧是境理，但经又说："所谓空是指不见空与不空。"依此说来，也应该说所谓智就是不见智与不智，也就是说不见以空破空，以不见以不空破不空，破智又破不智，远离了二边之见，就是中道。如来还又说："像这样有两边之见，不是中道，无常又无断，才叫中道。"这岂不是以中道为佛性吗？因此以破不空而远离"常"这一偏见，除空则远离"断"这一边，不见智与不智，其义也是如此，所以把中道作为佛性。因此经文中说，佛性就是觉悟中道的种子。进一步说我们所谓第一义空为佛性就是指不见空与不空，不见智与不智，无常无断的中道，也就是说这就是中道佛性。

如果以此配前面十一种观点，则成为第十二种观点。但是如果能认识正确之理，能知"有无"为一，怎么还能够把"有无"理解为"二"呢？而上面所谓第一义空是佛性，也不是北方涅槃师所讲的第一义空。他们所说的第一义空只是境理而非智慧，这是一偏之理。我们所讲的智慧亦非他们所说的智慧。他们所讲的智慧，只是智慧而不是境理，这也是一偏之理，而不是中道之义。但是中道义也是很难认识的，具体就如在二谛义中所说，既不是中道也不是边见，不停留于"中"与"边"，"中"与"边"是平等的，只是假给它一个名字"中"。如果能明了如此之中道，则能认识佛性；若能明了佛性，也就能理解那种中道；如果明了中道，就能理解第一义空；如果明了第一义空，即能理解智慧；明了智慧，即能理解诸佛的金光明之德；如能理解诸佛的金光明之德，也就理解了这个经。所谓光明，也就是智慧。如果能理解这种智慧，即理解了佛性；理解了佛性，就明了涅槃之义。

原典

简正因第四。但正因难识，今作两种检之：一、作车轮明义，无始终检；二、作二世明义，有始终检也。无始终义，即如《涅槃》云："十二因缘，不生不灭，不一不二，不常不断，不来不去，不因不果。"又言："佛性者，有因有因因，有果有果果也。"是以无始终义，作四句明之：所言因者，即是境界因，谓十二因缘也。所言因因者，即是缘因，谓十二因缘所生观智也。境界已是因，此之观智，因因而有，故名因因。好体十二因缘，应是因因而有，故名因因。彼向望前，此即望后，皆是因因也。所言果者，即三菩提，由因而得，故名为果。所言果果者，即是大般涅槃。由菩提故，得说涅槃以为果果，菩提即是智，涅槃即是断，由智故说断也，此是无始终义。何者？如所生观智，因因而有，故名因因。十二因缘，亦因因而有，又是因因，既互为因与因因故，是无始终也。

第二、作三世有始终检者，凡有三句：一者是因非果，即是境界因，故经①言："是因非果如佛性。"二者是果非因，即是果果性，故经言："是果非因名大涅槃。"三者是因是果，即如了因②及三菩提，斯即亦因亦果，望后为因，望前为果。既言境界是因非果，涅槃是果非因，所以名为有始终义。

问：先明四句，后说三句，有正因不？

答：未有正因。

问：若前明四句后说三句，既并非正因者，未知何者为正因耶？

答：前四句所明因果，因是傍因，果是傍果义，所以然者，因则异果，果则异因，岂非是傍义？故先言有因、有因因、有果、有果果，皆未是正因。若言非因非果，乃是正因耳。后说三句，是因非果，是果非因，是因是果，皆未名正。若言非因非果，此乃是正。故经云："非因非果，名为佛性也。"故于四句中，更足第五句，方是正因。于三句中，更足第四句，方是正因。

注释

① 此处所指经以及以下所说的经，都是指《涅槃经》。

② 了因：因有两种：一是正因，一是了因。正因如种子发芽，了因如灯光照物。

译文

第四，简论正因。正因是比较难以理解的，现在我们从两方面来分析：一，是以车轮来理解这层含义，是无始终；二，是以三世来理解，是有始终。所谓无始终义，就如《涅槃经》说："十二因缘，是不生不灭，不一不二，不常不断，不来不去，不因不果。"又说："佛性者，有因、有因因、有果、有果果。"因此无始终义应以四句话来说明：所说"因"者，就是境界之因，即十二因缘。所说"因因"者，即是缘因，是由十二因缘所生的观照的智慧。境界已经是因，这种观照之智慧因"因"而生，所以叫"因因"。而境体之十二因缘应是因"因"而有，所以叫"因因"。前者所谓"因因"是依于前，后者所谓"因因"是依于后，但都是"因因"。所谓"果"，即指正等正觉，由因而得，所以名为"果"。所谓"果果"即指大般涅槃。由菩提得涅槃，所以说涅槃为"果果"，因为菩提即是智慧，涅槃即是断绝，由智慧才能说断绝。这是无始终之义。为什么呢？因为所生之观照智慧，是因"因"而有，故说"因因"。十二因缘，也是"因因"而有，故也说"因因"。既然互为因与因因，所以是无始终。

第二，以三世有始终义分析，也有三句话：一"是因非果"，就是指境界因，所以经中说"是因非果就如佛性"；二"是果非因"即是"果果"之性，所以经中说"是果非因叫大涅槃"；三"是因是果"，就如了因和正等正觉，这就是也因也果，依于后为因，依于前则为果。既然境界是因而非果，涅槃是果而非因，所以叫有始终义。

问：前面说四句，后面说三句，这其中有正因吗？

答：没有正因。

问：如果前面讲四句，后面讲三句，既然都不是正因，那么什么是正因呢？

答：前面四句所论因果，因就是傍因，果就是傍果，之所以如此，是因为讲因就异于果，讲果则异于因，这岂不就是偏颇之义？所言前面所谓有因、有因因、有果、有果果，都不是正因。如果说非因非果，才是正因。后面所说的三句：是因非果、是果非因、是因是果，都不是正因。如果说非因非果，这才是正因。所以经中说："非因非果，就是佛性。"所以在四句中，更应该立第五句，才是正因。于三句中，更立第四句，才是正因。

原典

释名第五。释名有二种：先释通名，次释别名。通名不同，有三家：第一解云，佛性两字，皆是果名。佛名觉者，此故宜非因。……第二师释，佛性者此是因中。……第三家分字解释，佛是果名，性是因名。……然此三说，今并不用，皆须洗之，还以三家义自相难破也。

问：今义云何为当在因？为当在果？为当在因果耶？

答：今时明义无在无不在，故云无在无不在，佛所说也，只以如此义故名为佛性。虽无在无不在，而说在说不在者，佛性在因，性佛在果。故果因名佛性，因果名性佛。此是不二二义，不二二故二则非二，故云：二不二是体，不二二是用。以体为用，以用为体，体用平等，不二中道，方是佛性。一切诸师释佛性义，或言佛性是因非果，或言是果非因，此是因果二义，非佛性也。故经云：凡有二者，皆是邪见。故知，一切诸师不知佛性，各执一边，是非诤论，失佛性也。若知因果平等不二，方乃得称名为佛性。故经云："非因非果，名为佛性也。"佛性既尔，涅槃亦然。若知生死涅槃平等不二，此乃得称名为涅槃。故经云："佛知一切众生毕竟寂灭，是涅槃相，不复更灭也。"

译文

第五，解释佛性之名。解释名字有两种：先解释通名，再解释别名。解释通名不同，有三种说法：第一种观点认为佛性二字都是果之名。佛者觉也，所以不应处于因位。……第二种观点则认为佛性都是因之名。……第三种看法则把佛性分开解释，佛是果名，性是因名。……然而这三种说法，我们都不采用，都当破除，还是用三家之观点自相矛盾来破斥。

问：那么我们认为佛性是因？还是果？或是因果呢？

答：现在我们观点认为佛性是无在无不在，之所以讲它无在无不在，是因为这是佛所说，佛就以此种义为佛性。虽然无在无不在，而又说在说不在，就是佛性是因，性佛是果。所以果之因名为佛性，因之果名为性佛。这是不二之二义，由于不二之二故，二就不是二，所以说：二而不二是体，不二之二是用。以体为用，以用为体，体用平等，不二之中道，这才是佛性。一切诸法师解释佛性，或者说佛性是因而非果，或者说是果而非因，这是将因果隔别为二，不是佛性。所以经中说：凡是有二见者，都是邪见。所以知道诸法师不知佛性真义，而各执一边之见，争论对与错，失掉了佛性本义。

如能明了因果是平等不二，才能叫做佛性。所以经说："非因也非果，叫做佛性。"佛性既然如此，涅槃也是这样。如能理解生死与涅槃是平等不二，才算真正的涅槃。所以经说："佛知道一切众生本来为寂灭，就是涅槃之相，不存在另外的寂灭。"

原典

次释别名。先言正因佛性，非因非果。非因而因，故有二因，谓境界因与了因。非果而果，故有二果，谓菩提与涅槃也。言境界因者，即是十二因缘能生观智，以是观智境界，故名境界因。以能生观智之前缘故，亦名缘因。言了因者，观智能了出佛果，故名了因。既了出佛果之缘因故，有时呼了因以为缘因也。菩提者，此言正遍知道，是从智为名。涅槃者，此言寂灭，是则从断为目也。前四句有因者，谓十二因缘，正言十二因缘，非菩提之正因，而言因者，以其能生观智，与因作因，故名为因。

若例此者，大涅槃亦非是正观之正果，以菩提果为果，故亦应单名为果。若言涅槃与果为果，故宜名果果者，十二因缘亦尔。与因作因，故应名因因。而经云因因者，谓十二因缘所生观智。此因因而有，故名因因。

若尔，十二因缘，亦因因而有，何故不名因因？然虽复例通有如此义，但十二因缘作因因始，故单名为因，所以经云是因非果也。观智从十二因缘而生，因因而有，故名因因也。所以有果，则是三菩提。从观智因而有，故名为果。

若言三菩提是观智之正果，故单名果者，观智亦是三菩提之正因，亦应单名有因。若言观智从因而有，故宜名因因者，三菩提亦从果而有，故亦应名果果。而不尔，正言三菩提，酬因之始，故直名为果。涅槃从三菩提果而有，故名果果也。然此四种两因两果，并皆是傍，不得名正。非因非果，乃名正因。不因故有二因，不果故有二果，所以此因是不因，此果是不果故，非因非果乃名为正。然非因非果自可名正，但其在因故名正因，其果则呼为正果。然此正义，终不复可定言故，或时呼为道，或时呼为中，或时呼为正因。若齐言而取，终亦不得。何者？言其正也，果自不正，因亦非正，亦非是非因非果，亦不非是非因非果也。

问：若尔是何？

答：此中无是故，当有以超然悟言解之旨，点此悟心，以为正因，付此观心，非言可述，故迦叶[①]每叹不可思议也。

注释

① 迦叶：佛之十大弟子之一，以头陀行为第一，全称为摩诃迦叶，即大迦叶。佛陀入灭后，成为教团之统率者，于王舍城召集第一次经典结集。直至阿难为法之继承者，始入鸡足山入定，以待弥勒出世，方行涅槃。

译文

再来解释别名。前面说过正因佛性是非因非果。非因而又有因，所以有两种因：境界因与了因。非果而又有果，所以有两种果：菩提与涅槃。所谓境界因，就是指十二因缘能生观智，因此能生观智境界而名境界因。因其是能生观智的前提条件，所以也叫缘因。所谓了因，指观照之智慧能使佛果出现，所以叫了因。既然是帮助佛果出现的助缘，所以有时把了因也叫做缘因。菩提，我们叫正等正觉，这是从智的角度命名的。涅槃，我们叫寂灭，这是从断绝角度来命名的。以前所谓的四句中"有因"，是指十二因缘。这个十二因缘，并非菩提的正因，之所以说"因"，是因为其能生出观智，为"因"作"因"，所以名为因。

如果以此为例，大涅槃也不是正观之正果，因为正观以菩提为果，所以菩提应叫做果；而涅槃为果之果，所以叫果果。十二因缘也是如此，为因之因，所以应叫做因因。而经中所谓因因，是指十二因缘所生之观照智慧，此是因为"因"才有，所以叫"因因"。如果这样，十二因缘也是因"因"才有，为何不叫"因因"呢？这是因为虽然照上面推理来看应该如此说，但十二因缘作为"因因"之开端，所以单说为因，所以经中说是因而非果也。观照智慧从十二因缘而生，因"因"而有，所以叫"因因"。前四句中说"有果"，就是正等正觉，因为是从观照智慧之因而生，所以叫果。

如果说正等正觉是观照智慧的正果，但只单名果，那么观智也是正等正觉的正因，也就应只单叫做"因"。如果说观照智慧是从因而生，所以应该叫做"因因"，正等正觉也是从果而有，也应叫做"果果"。但为什么不这么叫呢？是因为正等正觉是直承因而有，故叫做"果"。涅槃是从正等正觉而生，所以叫"果果"。然而这四种两因两果，都只是偏见，不能叫做正见。非因非果，才是正因。不因而有二因，不果而有二果，所以此因是不因，此果是不果，非因非果，才是正因。然而非因非果称作正因，只是就因时叫正因，在果时叫正果。这种正因正果之义，最终也不是一定之见，所以有时称为"道"，有时叫做"中"，有时呼作"正因"。但如果执于言语而取舍，则什么也得不到。为什么呢？称其为"正因"，则"果"不是正，因也不是正，也不是非因非果，也不非是非因非果。

问：如此则它是什么呢？

答：这里没有恰当的表述，所以应该以超于言语之深旨，来点化此心，此即为正因，然此观照之心，不是言语可表达的，所以迦叶每每叹其为不可思议之法。

原典

本有始有第六。

问：佛性为是本有，为是始有？

答：经有两文，一云：众生佛性，譬如暗室瓶瓷，力士额珠，贫女宝藏，雪山甜药①，本自有之，非适今也，所以《如来藏经》明有九种法身义。二云：佛果从妙因生，责骥马直，不责驹直②也。明当服苏，今已道臭，食中已有不净，麻中已有油，则是因中言有之过，故知佛性是始有。经既有两文，人释亦成两种：一师云：众生佛性本来自有理性真神、阿梨耶识，故涅槃亦有二种：性净涅槃③，本来清净；方便净涅槃④，从修始成也。第二解云：经既说佛果从妙因而生，何容食中已有不净，故知佛性始有。

若执本有，则非始有；若执始有，则非本有。各执一文，不得会通经意，是非诤竞作，灭佛法轮，不可具陈。但地论师云佛性有二种：一是理性，二是行性。理非物造，故言本有。行借修成，故言始有。若有所得心，望之一往消文，似如得旨，然寻推经意，未必如此。何者？但大圣善巧方便，逐物所宜，破病说法，何曾说言理性本有，行性始有耶？例如说如来藏义，《楞伽经》说"无我为如来藏"、《涅槃》说"我为如来藏"，此两文复若为配当耶？本有始有，其义亦尔。若言理性本有非始，行性始有非本者，更执成病，圣教非药，而世间浅识之人，但见其语定以为是，以成迷执也。今一家相传，明佛性义，非有非无，非本非始，亦非当现。故经云：但以世俗文字数故，说有三世，非谓菩提有去来今。以非本非始故，有因缘故，亦可得说故。如《涅槃·性品》明佛性本有，如贫女宝藏。而诸众生执教成病，故下文即明始有，故知佛性非本非始，但为众生说言本始也。

问：若言佛性非本始者，以何义故说本始？

答：至论佛性，理实非本始，但如来方便，为破众生无常病故，说言一切众生佛性本来自有，以是因缘，得成佛道。但众生无方便故，执言佛性，性现相常乐，是故如来为破众生现相病故，隐本明始。至论佛性，不但非是本始，亦非是非本非始，为破本始故，假言非本非始。若能得悟本始非本始，是非平等，始可得名正因佛性。众生因是深保成佛道，若不如是，非佛性也。

注释

① **暗室瓶瓷等句**：均出自《涅槃经》，以这些比喻来说明佛性本为众生所有，只是尚未为众生发现或不易发现而已。

② **责骒马直，不责驹直**：一说出自《涅槃经》原文为"卖骒值，不卖驹值"，意思是说卖马的价钱不能将可能下驹的钱也算在内，暗示因中无果，佛性为始有。

③ **性净涅槃**：天台宗就体、相、用三方面，用以彰显不生不灭之义所立之三种涅槃之一，即诸法实相不可染不可净，不可染即不生，不可净即不灭，不生不灭即性净涅槃。

④ **方便净涅槃**：三涅槃之一。智能契理，即照群机。照必垂应，机感即生，此生非生，机缘既尽，应身即灭。此灭非灭，不生不灭即方便净涅槃。

译文

第六，论佛性之本有与始有。

问：佛性是本有，还是始有？

答：经中有两种说法：一种说法认为众生之佛性如同暗室中的瓶盆，大力士额上的金刚珠，贫女家中之宝藏，雪山顶上之灵丹妙药，本来今有，并非今日才有，所以《如来藏经》讲有九种法身之义；第二种说法认为佛果虽然是从妙因而生，但卖母马时不能将未来可能下驹的价钱也算在内。明天准备吃的酥，今天已经变臭，但不能说酥中已有不净之物，麻之中已有油，如果这么说，就是认为因中有果的过失，所以知道佛性是始有。经中既然有两处不同说法，人们解释时也就有两种：一派认为众生的佛性本来就有，这就是众生具有的理性真神、阿赖耶识，所以涅槃也就有两种：性净涅槃，本来就是清净；方便净涅槃，从修习才成。第二种观点认为经中既然说佛果是从妙因而生，怎么会在食物中已有不净之物，所以知佛性始有。

如果执于佛性本有，则不是始有；如果执于始有，则不是本有。各执一方面意见，不能融通经中之意，是与非的争论生起，灭掉了佛法之真意，不能详细陈说。但地论师说佛性有两种：一是理佛性，二是行佛性。理并不是由物所造作，所以说是本有。而行则借助于修习，所以叫始有。如果以有得之心看的话，一下消除了以往言说的对立，似乎得佛之旨，但如果考察经的本意的话，则未必如此。为什么呢？佛善于利用方便的手段，就物的不同情况而说法，来破执病，何曾说过理佛性本有，行佛性始有呢？比如说如来藏之义，《楞伽经》说"无我为如来藏"、《涅槃经》说"我为如来藏"，这两种说怎么结合呢？本有与始有之义，也是如此。如果认为理佛性是本有而不是始有，行佛性是始有而非本有，就执着而成病，佛教并不是药，而世间的浅识之人，只见到片言只语，便认定为正确，以至于成了迷执。现在三论家认为佛性之义，是非有非无，非本有非始有，也非当有非现有。所以经中说：只是因为世俗间的语言文字，才说有三世，并不是说菩提真有过去、将来、现在。因为其是非本有非始有，但借助不同的条件，也可以这么说。比如《涅槃经·性品》说佛性本有，如贫女本有之宝藏。但众生执此说成病，所以经下文就又说始有，所以知佛性既非本有也非始有，只是为教化众生而说本有始有。

问：如果说佛性非本有非始有，依照什么意思而说本有始有？

答：从终极论佛性，则非本有非始有，但是佛为教化方便，为破众生无常之病，所以说一切众生之佛性，本来就有，以此因缘，而能成就佛果。但如众生不以此为教化方便，执着于佛性以及佛性之常乐，针对这种情况，为了破斥众生执相之病，隐去了本有而说始有。从最终看佛性，不但不是本始，也不是非本非始。为破本有始有，假说非本非始；如能悟解本始非本始，是非平等一致，才能说是正因佛性。众生因此才能保证成就佛道，如果不如此，则不是佛性。

原典

辨内外有无第七。今辨佛性内外有无义，此重最难解；或可理外有佛性，理内无佛性，或可理内有佛性，理外无佛性。今先辨理内外，次说有无。

经言，复次道有二种：一外，二内。外道道者，无常无乐；内道道者，有常有乐。菩提解脱亦复如是。声闻菩提，无常无乐；诸佛菩萨所有菩提，常乐我净，解脱亦然也。

问：菩提只是道，何故两出耶？

解云：菩提者是所行之道，先明道者是能行之道，能所为异也。又若言一切诸法有生灭者，皆是理外，悉属外道；若一切诸法无生灭者，皆是理内，则属内道。

故今明发心悟不生不灭，如般若中所辨，名为内道也。分理内外竟。

译文

第七，辨明佛性之内外有无义。现在所论的佛性内外有无义，是很难理解；或者理外有佛性，理内无佛性；或者理内有佛性，理外无佛性。现在先说理内理外，再说有无的问题。

经中说，道有两种：一是外，二是内。外道之道，是无常无乐；内道之道，是有常有乐。菩提与解脱也是如此。声闻人的菩提，无常也无乐；诸佛与菩萨的所有菩提，都是常乐我净，解脱也是如此。

问：菩提就是道，为什么还要分两处说呢？

答：菩提是所行之道，而先前所论的道是能行之道，能所有所不同。又如说一切诸法有生灭，就是理外，属于外道；如果一切诸法没有生灭，都是理内，就属于内道。所以发心悟不生不灭，如般若中所说，也就是内道。到此对理内理外的分析就完成了。

原典

今次明佛性之有无。……义中自有四句,故内外有无不定。所以作此不定说者,欲明佛性非是有无,故或时说有,或时说无也。

问:若言定为非者,不定为是耶?

答:若言不定为是者,还复成定,定既非是,不定亦非,具如论破。但破定故言不定,有四句如前。若洗净已,复不定而为定,亦何得而无定耶?今只就不定为定者,有理外众生,理外草木,有理内众生,理内草木。定何者有佛性,何者无佛性耶?若不定为定说者,经中但明化于众生,不云化于草木,是则内外众生有佛性,草木无佛性。虽然,至于观心望之,草木众生岂复有异?有则俱有,无则俱无,亦有亦无,非有非无,此之四句,皆悉并听观心也。至于佛性,非有非无,非理内非理外,是故若得悟有无内外,平等无二,始可名为正因佛性也。故《涅槃论》云:"众生有佛性非密,众生无佛性亦非密,众生即是佛,乃名为密也。"所以得言众生无佛性者,不见佛性故;佛性无众生者,不见众生故。亦得言众生有佛性,依如来藏[1]故;亦得言佛性有众生,如来藏为生死作依持建立故。

注释

① **如来藏**：真如为烦恼所包藏名为如来藏。有三义：第一含摄一切之法；第二隐覆于烦恼之中；第三具一切佛地之功德。

译文

现在再论佛性之有无。……深义中自然有四句话，所以内外有无不定。之所以作这种不定的说法，是为了说明佛性不是有无，为方便有时说有，有时说无。

问：如果说"定"为错误，那么"不定"是对的吗？

答：如果以不定为是，还又成定言，定既然不对，那么不定也不对，具体就如上面章节中所破。为了破定见，所以说不定，如上面讲有无内外不定四句话。如果破斥已尽，则又从不定回到定，怎么会没有定呢？现在就不定为定来看，有理外众生，理外草木，又有理内众生，理内草木，那么确定什么是有佛性，什么是无佛性呢？如果把不定作为定看，经中只说教化众生，不说教化草木，这就是说理内理外的众生有佛性，而草木则无佛性。虽然如此，但如从佛观境的角度看，则草木与众生岂能有区别？有则俱有，无则俱无，也有也无，非有非无，这四句都是从佛观体的角度而言。至于说佛性，是非有非无，非理内非理外，因此如果能觉悟，有无内外是平等无二，才能叫正因佛性。所以《涅槃论》说："众生有佛性不是秘密，众生无佛性也不是秘密，众生即是佛，才是秘密。"所以说众生无佛性，是不见佛性；佛性没有众生，是不见众生。也可说众生有佛性，是依如来藏义；也可以说佛性有众生，因为如来藏为生死的依据。

原典

会教第九。经中有明佛性、法性、真如、实际等，并是佛性之异名。何以知之？《涅槃经》自说佛性有种种名，于一佛性，亦名法性、涅槃，亦名般若、一乘，亦名首楞严三昧[1]、师子吼三昧。故知大圣随缘善巧，于诸经中说名不同。故于《涅槃经》中名为佛性，则于《华严》名为法界，于《胜鬘》中名为如来藏自性清净心，《楞伽》名为八识，《首楞严经》名首楞严三昧，《法华》名为一道一乘，《大品》名为般若法性，《维摩》名为无住实际，如是等名，皆是佛性之异名。故经云：无名相法，假名相说。于一法中，说无量名；于一名中，说无量门。以是义故，名义虽异，理实无二。

问：若理实无二，以何义故说种种名？

答：若依名释义，非无所以。何者？平等大道，为诸众生觉悟之性，名为佛性。义隐生死，名如来藏。融诸识性，究竟清净，名为自性清净心。为诸法体性，名为法性。妙实不二，故名为真如。尽原之实，故名为实际。理绝动静，名为三昧。理无所知，无所不知，名为般若。善恶平等，妙运不二，名为一乘。理用圆寂，名为涅槃。如此诸义，如喻似何？譬如虚空不动无碍，有种种名，虽有诸名，实无二相，以是故云，名字虽异，理实无二也。

问：若言真如、法性，并是佛性之异名者，经说真如、法性，亦是空之异名。今未知佛性是二谛中第一义空不？若言是者，既言是空，那得以此为佛性耶？会通诸经，使不相违，善则善矣，然新闻异响，未见深旨，一切诸人并皆同疑，愿为开示，以遣疑滞也。

答：《涅槃经》云："佛性者，名第一义空。"岂非是空为佛性耶？若以空为空者非佛性也。故下文云："所言空者，不见空与不空，名为佛性。"二乘之人，但见于空，不见不空，不见佛性。故知，于有所得人，不但空非佛性，佛性亦非佛性也。若于无所得人，不但空为佛性，一切草木并是佛性也。

问：若皆是佛性，不得言非；若非佛性，不可言是。有何所以言一切并非，而复即言一切并是，岂非是过分答耶？

答：至论平等佛性之理，非空非不空，非有非不有，非法性非不法性，非佛性非不佛性也。以一切并非故，能得一切并是。何者？平等之理，以非空有故，假名法性；非不空有故，假名空有；以非法性故，假名佛性；空有非不法性故，假名法性；以非佛性故，假名法性；空有非不佛性故，假名佛性。当知平等大道无方无住故，一切并非；无方无碍故，一切并得。若以是为是，以非为非者，一切是非，并皆是非也。若知无是无非是，无非无不非，假名为是非者，一切是非，并皆是也。故知上来十一家所说正因，以是为是故，并非正因佛性。若悟诸法平等无二，无是无非者，十一家所说，并得是正因佛性。

注释

① **首楞严三昧**：意译健行，为佛所具有定之名。如果得此定后，佛之德行坚固，一切烦恼不侵。

译文

第九，融会诸教的说法。经中说佛性、法性、真如、实际等，都是佛性的别名。怎么能知道呢？《涅槃经》中明文说，佛性有种种不同之名，针对佛性一名也叫法性、涅槃，也叫般若、一乘，还叫首楞严三昧、师子吼三昧。所以得知大圣人随缘不同，在不同经中说不同之名。所以《涅槃经》说佛性，《华严经》说法界，《胜鬘经》中说如来藏自性清净心，《楞伽经》名为八识，《首楞严经》名为首楞严三昧，《法华经》名一道一乘，《大品般若经》名为般若法性，《维摩经》称为无住实际，以上这些名称都是佛性之别名。所以经中说：无名相之法，假说名相。在一法之中，说无量名称；在一名之中，又说无量法门。因此义故，名称虽异，而理实为一。

问：如果理实质上不为二，那么因什么义而说种种名称？

答：如果依据名称解释义理，也不是不可以。为什么呢？平等之大道，作为众生觉悟之性，名为佛性。其大义隐于生死之中，叫如来藏。融于诸识之中，但毕竟为清净，就叫自性清净心。作为诸法之体性，叫法性。妙用与实理不二，叫真如。穷尽本原之实，叫实际。大道之理超绝于动静,叫三昧。理无所知又无所不知,叫般若。善恶平等,妙用不二,叫一乘。理与用俱寂,叫涅槃。这么多的说法,如果比喻的话是什么?如虚空。虚空不动无有障碍,但有种种名称,虽有种种名称,实际上并无二相,因此所以说,名字虽不同,理实际并无不同。

问:如果说真如、法性都是佛性之别名,那么经中说真如、法性也是空的别名。现在我们不知道佛性是不是二谛中第一义空?如果说是的话,既说是空,怎么能以此为佛性?融通诸经异说,使其不相矛盾,这种做法好是好,但大家刚听到不同的说法,不能理解其深义,所以都持怀疑态度,希望你能开示教道,消除大家的疑惑。

答:《涅槃经》中说:"佛性是第一义空。"岂不就是以空为佛性吗?但如果把空就当作空,则就不是佛性。所以经中下文又说:"所谓空,是不见空与不空,这才是佛性。"二乘之人,只见到空,见不到不空,见不到佛性。由此可知,有所得之人,不但认为空不是佛性,而且也把佛性当成了非佛性了。但对无所得之人来说,不但空是佛性,一切草木也都具有佛性。

问:如果都是佛性,就不能说不是,如果说不是佛性,就不能说是。那么您凭什么说一切都不是佛性,而又说一切都是佛性，岂不是有点太过分了吗？

答：从终极看平等的佛性之理，既非空也非不空，非有也非不有，非法性也非不法性，非佛性也非不佛性。因一切都不是，才能说一切都是。为什么呢？平等之理，因其非空有，所以假名为法性；因非不空有，假名空有；因其非法性，所以假名佛性；空有并非不是法性，所以假说法性；因其非佛性，假说法性；空有并非不是佛性，假说佛性。我们应当知道平等之大道，是无有空间，也不住于任何事物，所以一切都"非"；无有空间也就没有障碍，所以一切都能得到。如果把是就当作是，非就当作非，那么一切是与非就都是"非"。如果知道既无是也无非是，既无非也无不非，这些都是假名为是非，那么一切是非就都为"是"。因此就知道上面所说的十一家正因佛性，都把是就当作是，所以就不是正因佛性。如果能悟解诸法为平等无二，无是无非，则上面十一家所说的佛性，就都是正因佛性。

原典

一乘义三门：一、释名门，二、出体门，三、同异门。

释名第一。一乘者，乃是佛性之大宗，众经之密藏，反三之妙术，归一[1]之良药。迷之，即八轴[2]冥若夜游；悟之，即八轴如对白日也。

释名者，唯有一理，唯教一人，唯行一因，唯感一果，故名为一。《法华论》云："一谓同义，如来法身，声闻法身，缘觉法身，三乘同一法身，故名为一。"乘者，运出为义。运出有三种：一者以理运人，从因至果，如《大品》云："是乘从三界出，到萨波若[3]中住。"二者以德运人，如《法华》云："得如是乘，令诸子等喜戏快乐。"三者以自运他，如《涅槃》云："乘涅槃船，入生死海，济度群生矣。"

注释

① **反三、归一**：即会三归一，语出自《法华经》，是其中心思想。此经认为三乘为一乘之方便，归根结底为一乘，所以是会三归一。

② **八轴**：即《妙法莲华经》。据传有一僧人讲《法华经》时，将七卷分为八讲，所以后人即以此代称《妙法莲华经》。

③ **萨波若**：即一切种智。指了知内外一切法相之智，即指佛智而言。

译文

一乘义有三个方面：一，解释名字，二，解释一乘之体，三，解释一乘同异。

第一先解释一乘之名字。一乘是佛性之最大之宗，众经中的密藏，是使三乘回归之妙术，是一乘圣教的良药。如果迷于一乘，则面对《法华经》八卷如同夜中盲游；如果悟一乘义，则面对《法华经》八卷如同晴天白日，朗然可见。

现在来解释名字，因为只有一种理，只教一种人，只有一种因，只得一种果，所以叫"一"。《法华论》说："一是同之义，如来法身，声闻法身，缘觉法身，三乘只是同一法身，所以叫一。"所谓乘，是以运出为其义的。运出有三种：一，以理运人，使其从因到果，如《大品般若经》说："所谓乘，是从三界运出而至于一切种智之中。"二，以德运人，如《法华经》说："得到如是乘，能使长者诸子嬉戏快乐。"三，以自运他，如《涅槃经》说："乘涅槃之船，入于生死之海，度脱众生。"

原典

出体第二。一乘体者，正法中道为体。

问：乘以何为体？

答：经论虽种种说，不过三种，谓理、行、果，今以正法为体。

问：理是不动，云何名运出耶？

答：以其不动故，能令众生运出。别而论之，顺忍[①]为运，得无生忍[②]为出。通论一一皆运出，因乘自运运他；果乘与理乘，自不运而能运他。

问：此经明乘，正以何为体？

答：若就因果用，以果为宗；若就正法体，即以正法为宗。今明若因若果，皆正法故，运故以正法为宗。有人言此经万善为乘体，有人言以果万德为宗，有人言境智为宗，今明就用非无此义，而不得乘深体故，以正法中道为经宗，为一乘正体。

问：乘以运出为义，中道佛性不运出，云何名为乘体？

答：以其不动故，能令万善动出，亦令行者动出生死，住彼涅槃，故名为乘。小乘初教以果为乘，故言三车[③]在门外，此是尽无生智果[④]。大乘因与果为乘。

问曰：若大乘因果为乘者，何故经言于佛果上更无说一乘法事？

答曰：此约自不运义，不言不运他。

注释

① **顺忍**：五忍之一，处于十地中四地与六地之间，依照菩提，而得阿罗汉之果。

② **无生忍**：五忍之一，处于七地与九地之间，已悟诸法无生之理。

③ **三车**：指羊车、鹿车、牛车。《法华经》以此喻声闻、缘觉、菩萨三乘。（一）羊车，喻声闻之人，修四谛行，以求出离三界，但欲自度，不顾他人，如羊之奔逸，竟不回顾后群。（二）鹿车，喻缘觉之人，修十二因缘，以求出离三界，略有为他之心，如鹿之驰走，能回顾后群。（三）牛车，喻菩萨之人，修六度行，但欲度人出于三界，而不欲自出，如牛之荷负，安忍普运一切。

④ **无生智果**：即阿罗汉之果。

译文

第二，论一乘之体。一乘者，以佛之正确之法的中道为体。

问：乘以什么作为体呢？

答：经论中有多种说法，但总说不过三种：以理为体，以行为体，以果为体。现在我们以正确之法即中道为体。

问：理是不动之义，为何要说其有运载之义呢？

答：因其不动之义，故能使众生被运载而出。别而论之，是以五忍中顺忍为运，五忍中无生忍为出。总而论之，则都是运出之义，因位之乘能自运而又运他人；果位及理位之乘，则自不须运而能运他人。

问：《法华经》论乘，它以什么为体呢？

答：如果就因与果之用，则以果为其正宗；如果就正确佛法之体而言，就是以正法之中道为宗。我们则进一步认为，无论因与果，都是因为其为正确之佛法才有运载义，所以都以正确佛法为正宗。有人说《法华经》中以万善为乘体，有人说经以果之万德为乘之宗，还有人说经以境理与观智为宗，我则认为，就用而言并不是没有上面种种说法，但这些说法不得乘的真正之体。以正确佛法的中道作为此经之宗旨，这才是一乘正确之体。

问：乘以运载为其义，而中道之佛性没有运载义，为何要把它作为乘之体呢？

答：因其不动之义，所以能使万种善行生出，也能使善行者出离生死，住于涅槃，所以叫做乘。小乘初教之人以果为乘之义，所以就以为在门外还有三车，而不知自己本来就在车上，这只能得阿罗汉之果。而大乘以因与果为乘。

问：如果大乘以因与果为乘，为何经中说在佛果上不要再说一乘之义？

答：这是就佛果自不待运载而言的，并不是说不能运载他人。

原典

涅槃义三门：一、释名门，二、辨体门，三、八倒门。

涅槃者，盖是安心之本宅，凡圣所同归。故肇公云："九流于是乎交归，群圣于是乎冥会。"①

今明，涅槃离四句，中道正观，永勉为正度。将人帖之，目人；将法帖之，目法；至论度，非人非法，此是正度。而此正法，离有所得，而假名义，名为正度。涅槃无名，强为立名也。

注释

① 此句话出自《肇论·涅槃无名论》。

译文

涅槃义有三方面：一，是解释涅槃之名，二，是分析涅槃之体，三，是列举八种颠倒认识。

首先看第一方面，涅槃，是安心的最终归宿地，是凡圣共同的归结地。所以僧肇法师说："诸种流派在涅槃处交会，诸多圣人在涅槃处契合。"

我认为涅槃是远离有、无、既有亦无、既非有亦非无这四句对诸法的分别，它是中道之正确的观法，永远是正确的度脱之道。如果将"人"这个词加于人，人就叫做人；如果"法"这个词加在法上，就叫法；至于说"度"，既不叫"人"，亦不叫做"法"，这才是正确的度脱之道。而这种正确之法，是离于有所得，而从假名的角度看，就叫"正度"。涅槃本来是没有名字的，而勉强为之取名。

原典

辨体第二。灵正云:"涅槃体者,法身是也。"寻此法身,更非远物,即昔神明,成今法身。神明既是生死万累之体,法身亦是涅槃万德之体。今明不然,以用为体,不及涅槃深体,今以中道正法为涅槃体。

译文

第二,分析涅槃之体。灵正法师说:"涅槃之体,也就是法身。"更进一步看这个法身,更不是离我们很远的东西,过去的我们叫做"神明"的东西,今天就叫法身。"神明"既然是生死轮回之主体,法身也就是涅槃万德之体。我认为并非如此,以用作为其本体,不能说明涅槃的真正之体,所以我认为中道这个正确之法才是涅槃之体。

原典

八倒第三。

问:经明三修八倒,何等是三修比丘耶?

答:三修者,一、常无常,二、苦乐,三、我无我。常者，凝然也；无常者，迁流。乐者，怡愈；苦者，逼恼。我者，性实；无我者，不自在通称。修者，习义也。然此三种，相对合辨，名为三修，离说即是六修。若具足而应是四修，离即八修，谓净不净。

若对治八倒，应辨八修，因中苦、无常、无我、不净，果上取常、乐、我、净，故八修。

八倒者，前倒常、乐、我、净。外道时起四倒，谓常倒、乐倒、我倒、净倒。佛破四倒故，说无常、苦、无我、不净。比丘佛果上，更起苦、无常、无我、不净，更起后四倒，谓无常倒、苦倒、无我倒、不净倒。前倒后倒，合论故有八倒。

八倒体者，谓三倒是也，一、心倒，二、想倒，三、见倒。谓一切心了别，是心倒。一切心想象，皆是想倒。一切心决了，名见倒。

译文

第三，论述八种颠倒的认识。

问：经中讲三修与八倒，何者是三修比丘呢？

答：所谓三修，一是常与无常，二是苦与乐，三是我与无我。常，是不动之义；无常，是变迁之义。乐，是怡乐之义；苦，是烦恼之义。我，是自性实在之义；

无我，则是自性不实之义。修，是修习之义。这三者一对对并列在一起，就叫三修；如果分开说则有六修。如果全部合在一起说，则有四修，也就加上净与不净这一对，分开说则是八修。

如果针对八倒，则应该说八修，也就因位上讲的苦、无常、无我、不净，就果位上说有常、乐、我、净，这些放在一起就是八修。

所谓八倒，有前四倒，是外道之人所起，即常、乐、我、净四种对世界的错误认识。佛为了破斥这四种颠倒的认识，所以才讲说无常、苦、无我、不净的道理。另外还有后四倒，即无常倒、苦倒、无我倒、不净倒，也就是说一些佛弟子对佛所说之无常、苦、无我、不净有了执着的认识。这前后四种颠倒之认识合起来就是八倒。

所谓八倒之体，也就是三倒，即一，心倒；二，想倒；三，见倒。一切心之分别，是心倒。一切之想像，都是想倒。一切心的判断决定，都是见倒。

4 卷四

原典

二智①义十二门：

一、翻名门，二、释名门，三、释道门，四、境智门，五、同异门，六、长短门，七、六智门，八、开合门，九、断伏门，十、摄智门，十一、常无常门，十二、得失门。

注释

① **二智**：即是般若实智与方便智。

译文

二智之义可分为十二门：

一，翻译名字的不同；二，解释二智之名；三，解释二道；四，论述境与智的关系；五，论众经讲二智之同异；六，论二智之长短；七，论六智；八，论二智之开合；九，论二智的断灭；十，论二智摄所有智；十一，论常与无常；十二，简单的总结。

原典

然昔在江南著《法华玄论》，已略明二智，但此义既为众圣观心法身父母，必须精究，故重论之。此义若通，则方等众经①，不待言而自显。具存梵本，应云波若②波罗蜜、沤和波罗蜜，故此经云："智度菩萨母，方便以为父。"智则波若，度谓波罗蜜也。但翻波若不同，或言智慧，如叡法师云："秦言智慧。"或翻为远离，出《放光经》，则释道安用；或翻明度，出《六度集经》；或翻清净，亦出《大品》，叡法师用之。

但波若具含智慧、明净、远离等义，译经之人随取其一，以用翻之。波若以断众惑远离生死名相之法，故云远离；明了无暗，故称为明；体绝秽染，名为清净；

达照解知，名为智慧。虽有诸义，多用智慧。智慧单复，又名不同，或单名为智，如《释论》[3]及此经称为智度；或但名为慧，如《释论》云："波若秦言慧。"或俱翻智慧，众经多尔。今详会此意，义各有由，通而言之，则智为慧，指慧为智，虽广略不同，体无异也。

注释

① **方等众经**：是指大乘类经。

② **波若**：即般若。明见一切事物及道理之真实智慧，即称般若。

③ **《释论》**：全称为《摩诃般若释论》，又译为《大智度论》。系诠释《大品般若经》之论著。

译文

（第一翻译名字的不同。）我过去在江南时曾著过《法华玄论》，在其中对二智已略有解释，但二智之义，是诸圣的重要的观心之途，所以必须再论述之。如果能通达二智之义，则方等类诸经不用解说，我们就能理解。二智如果完全从梵文说，就是般若波罗蜜与沤和波罗蜜，所以《维摩经》说："智度是菩萨之母，方便度是菩萨之父。"智即是般若，度就是波罗蜜，但是对般若的翻译有所不同。有的翻译为智慧，如僧叡法师说："般若，译成秦地之言就是智慧。"有的翻译为远离，此说出自《放光经》，是道安法师采纳的说法；有的译为"明度"，出自《六度集经》；有的翻译成清净，出自《大品般若经》，是僧叡法师所用的说法。

但是般若本身就包含智慧、明净、远离诸义，译经的人只是取其一义来翻译般若。般若因能去除众生之惑，使其脱离生死等为名相所拘之法，所以译为远离；般若又是明达而无黑暗，所以叫明；般若之体离绝秽与染，所以说它是清净；般若又有观照解知之能，所以又叫智慧。虽有上面诸种义不同，但最常用的译名为智慧。智慧单说与复说又有不同，或单译为智，如《释论》及《维摩经》说为智度；或单译为慧，如《释论》说："般若，用秦地之语说就是慧。"或者复译为智慧，大多数的经都如此译。现在我们对"般若"之义详加考察就会发现，诸义虽各有依据，但若贯穿起来看，不管以智为慧，还是以慧为智，虽然有广狭的不同，但其体则无异。

原典

释名第二。复有二门：

一、释权实，二、解大义。通而言之，二智皆如实而照，并名为实。皆有善巧，悉称方便；就别言之，即波若名实，沤和①称方便。略有八义：一者波若照实相境，从所照为名，故称为实。二者波若从实相生，从能生受名，故称为实。三者如实而照故，当体名实。论云：波若波罗蜜，实法不颠倒。体离虚妄非颠倒慧，故名为实。四者对凡夫颠倒不实之慧故，叹波若为实。五者对二乘未实谓实故，明波若为实。六者对方便之用，以波若为体，故名实。七者对虚明实，未是好实，非虚非实乃名妙实。八者虚实为二，非虚实为不二，二与不二皆名不实，非二不二乃名为实。是故论云：念想观已除，言语法亦灭也。方便者是善巧之名，此义多门，今略论十对：一者直照空有名为波若，行空不证，涉有无著，故名方便。……二者照空为实，涉有为方便。……三者以内静鉴为实，外反动为权。

问：此义与前何异？

答：此明若照若巧静鉴之义，皆名为实。以外反动，故名为权。四者波若为实，五度为方便。所以然者，波若为空解，空解故名实。五度为有行，有行故名权。……五者照空为实，知空亦空即能不证空，故名为权。所以然者，二乘不知空，亦复以空为妙极，故名空但空，所以证空。菩萨知空亦空名不可得空，故不证空即能涉有，故名为权。……六者知苦无常故名为实，而不取灭名为方便。……七者直知身病非故非新故名为实，而不厌离称为方便。此但就有门分权实。八者净名②托迹毗耶③，不疾之身为实，现疾之迹为权。此据虚实之义以明权实也。九者以上照空有二为方便，照非空有不二为实。非空非有即是一实谛，照一实谛，故名为实。虽非空非有，而空有宛然，不动不二，善巧能二，故名方便。十者空有为二，非空有为不二，照二与不二皆名方便，照非二非不二名实。

注释

① **沤和**：是方便之梵文音译。

② **净名**：即维摩诘之旧译，新译又称为无垢。其为居住在毗耶离城之居士，从妙喜国化生于此，以帮助佛之教化。

③ **毗耶**：即毗耶离城，维摩诘居士居于此城。

译文

第二，解释二智之名。这又分为两门：

一是解释权与实，二是解释二智之"大"意。总而言之，则二智都是依实相而观照，而都可说是实。同时二智又都有善巧方便，所以称为方便。分而言之，般若是实，沤和是方便。（就般若为实智）有八义：一，般若是观照实相之境的智，从所照之境故名为实。二，般若从实相所生，依能生受故名为实。三，般若观照是如实地去观照，其本身就是实。论说：智慧度，是实法不颠倒之慧。般若之体离虚妄，而不是颠倒之慧，所以为实。四，针对凡夫颠倒之慧，赞般若为实。五，针对二乘之人以未实之智为实智，说般若为实。六，针对般若方便之用这一方面，说般若为实智这一方面。七，针对虚所讲之实，不是完善之实，既非虚也非实，才是妙实。八，虚与实为二，非虚非实为不二，二与不二都是不实，非二非不二为实。所以论说：念想之观已除，言语之法也灭去了。方便是善巧之义，此义有多方面，现在略分为十个方面论述：一，观照空有是般若，但行空不证空，涉有不执着于有，就是方便。……二，观照空为实，涉于有名为方便。……三，以内心静寂之观照为实，以外在诸种行动为权。

问：此义与前面之义有何区别？

答：这里讲的是不管照还是巧，只要有内静之义，就是实。以此为基础而表现于外在的行动就是权。四，般若是实，五度为方便，之所以如此，是因为般若解空，所以名实。五度是有之行，所以为方便。……五，观照空为实，知空为空但不证空，所以是权。之所以如此，是因为二乘之人不知真空，也又以空是妙之处，以为空只是空，所以证于空。菩萨则认为空是空，但是不可得之空，所以不证空。不证空故涉有，涉有即是权。……六，知苦与无常为实，但不入于寂灭为权。……七，知自己身体既非旧有也非新有，所以是实；但是并不厌恶与脱离此身。这只是就"有"一方面来说权实。八，维摩诘居士显迹于毗耶城，其无病之身为实，显疾病之迹为权。这是就虚实之义论权实。九，上面观照空有为二是方便，观照非空有不二为实。非空非有就是一实谛，观照一实谛即是实。虽然即非空亦非有，但空有宛然若存。不动的不二，为显示其善巧，则能为二，这就是方便。十，空有为二，非空非有为不二，观照二与不二皆名方便，观照非二非不二是名实。

原典

论大义。

问：何故波若名摩诃沤和不名摩诃？

答：通皆得称大。……别而言之，波若称大，略明十义：一者实相旷而无边，深而无底，无有一法出法性外。波若照于实相故名大慧。沤和虽巧，不照实相故不名大。

问：二乘亦照实相，何不名大？

答：二乘未尽其边，菩萨照穷原底，故名为大。二者三乘实智皆从波若中生，所以然者，所照实相既一，即能照波若无二。但根性不堪故，于一波若开为三乘智慧，三乘智慧摄入波若观中，故名为大。……三者由实相生波若，实相既无所依，则波若亦无着。以波若无着，能道成众行，亦无所著故，不住三界，不中息二乘，直趣佛道，以有引道之能故，名为大。……四者五十二种大贤圣位[1]在波若观中，故名为大。所以然者，今即唯一波若，但明昧不同故，开成五十二位。五者三大阿僧只劫[2]，修此大慧，故名为大。六者能断大惑，所谓无明。是故经云，无明住地其力最大。二乘虽倾四住[3]，未能断之，菩萨照穷实相，方除此大惑，故名为大。七者拔三界内外一切大苦，故名为大。八者诸大菩萨之所行法，故名为大。九者于众行中最胜无过，故名为大。十者信之而得大福，毁之而招大罪，故名为大。

注释

① **五十二种大贤圣位**：即菩萨修行之五十二种阶次，分别是十信、十住、十行、十回向、十地、等觉、妙觉。

② **三大阿僧只劫**：阿僧只，译为无数。三大阿僧只劫是区分菩萨五十位的一种说法：第一阿僧劫是指十信、十住、十行、十回向等菩萨四十阶次。第二阿僧只劫指十地中初地到第七地。第三阿僧只劫指十地中第八地到十地。

③ **四住**：也称四住地。指三界中见思之烦恼：一是见惑，二是欲爱，三是色爱，四是有爱。

译文

论大义。

问：为什么般若称为方便，不称为大？

答：通而言之，方便与般若都可说是大。……分别而言，只有般若能说是大。现在大致从十个方面论述：

一，实相是广阔而无边，深而不见底的，没有一种法能超出法性之外。般若观照这种实相，所以叫做大智慧。方便虽具善巧，但不观照实相，所以不称为大。

问：二乘之人也观照实相，为何不说其为大呢？

答：二乘之人观照实相，未能穷尽，菩萨观照尽其根底，所以菩萨称为大，二乘不说大。二者，三乘的智慧都是从般若中产生，之所以如此，是因为所照的实相是一，那么能照的般若也就不会是二，但是由于各人所具根机不同，就会把一个般若分成三乘的不同智慧。三乘智慧又被摄入般若的智慧之中，所以称为大。……三者，由于实相生出般若，所以既然实相是无所依着，那么般若也就没有执着。因般若之不执着，能引道众生之行为，也不执着，不住于三界之中，不停留于二乘阶段，而直入于佛地。因般若的这种引道之功，所以说为大。……四者，五十二种菩萨修行阶位都处于般若观照之中，所以说般若是大。为什么呢？是因为只有一个般若，但由于众生悟的程度的不同，所以就分成了五十二个阶段。五者，于三大阿僧只劫中，修成此智慧，所以称为大。六者，能断除大的迷惑，也就是无明。所以经中说，无明之惑其力最大。二乘之人虽倾尽其力去除见思之惑，但未能断除无明。菩萨能观照实相，所以才能去除此大迷惑，所以说是大。七者，般若能拔除三界内外的一切之苦，所以说大。八者，般若是诸大菩萨所行之法，所以名大。九者，般若在诸行中最胜而无过，所以名大。十者，相信般若能得到大福，毁损之则招致大祸，所以名大。

原典

释道门第三。

问：《释论》云："菩萨有二道：一、波若道，二、方便道。"云何为二道耶？

答：有人言，波若道即实相波若，方便道谓方便波若，是事不然。大判二道以为三例：一、全依梵本，应言波若道、沤和道。二、具开此言，应云慧道、方便道。三、彼此合目，如论所明，波若依彼之称，方便存此之名。今若言实相波若、方便波若，皆称波若，即二道不分。……又立三波若，皆就波若道中论之：一、实相波若，二、观照波若，三、文字波若。实相能生波若，故名波若；文字能诠波若，以所诠为称，亦名波若；三观照当体名为波若。

问：何故但立此三，不多不少？

答：凡有三义：实相为能生之境，观照为所生之智，文字为能诠之文，要具此三不得增减。

问：波若道既开三，方便道亦有三不？

答：通亦有，谓境、智、文字。但实慧从境立名，故必须辨境。方便从巧受称，故不须辨境。而文字即通二道也。然方便虽不从境立名，实照世谛之境，即亦具三也。

问：波若何故为体，方便何故为用？

答：实相为本，波若照实相故，波若亦为本，所以为体。诸法为末，方便照诸法故，方便为用。……波若略有四力：一者照实相，二者无所著，三者断诸惑，四者能道方便。此四用即是次第，由不见一切相，而见实相。实相既无所依，即波若亦无所著；以无所著，众累寂然；以无累故，能道方便，令涉有无染。

问：方便涉有具几力耶？

答：一、有照境之功，二、有不证空力，三、起行之用。

译文

第三，解释二道。

问：《释论》说："菩萨有二道：一是般若道，二是方便道。"那么这二道究竟是什么呢？

答：有人说，般若道就是实相般若，方便道即是方便般若，实际上并非如此。大体上说二道可以分为三种情况：一，如果都依梵文原本说，就是般若道和沤和道。二，如果翻译过来说就是慧道和方便道。三，梵文和汉译合起来说，般若依梵文之称，方便按汉译说。如果说实相般若、方便般若，都称为般若，则二道就不能区分。……又立三种般若，都是就二道中般若道而言：一是实相般若，二是观照般若，三是文字般若。实相能生出般若，所以称为般若；文字能解释般若，以其被解释的对象为名字，也叫般若；观照当体就叫般若。

问：为什么不多不少正好设立此三种般若？

答：因有三方面的含义：实相是能生之境界，观照是所生之智能，文字是能解释之语言，所以说有这三方面而不增不减。

问：般若道既然分为三个方面，那么方便道也可以分为三个方面吗？

答：总的说来也有三方面，即境、智、文字。但是般若是从境相才立其名，所以其必须对境进行分析。而方便则是从善巧立名，所以不须分析境相。就文字而言，它与二道中是相通的。但方便虽不依境立其名字，但实际上也观照世谛之境，所以说方便亦具三方面。

问：般若为什么是体，方便为什么为用？

答：实相是本体，而般若是观照实相的，所以般若就是本，也就是体。诸法是末，而方便是观照诸法的，因此为用。……般若大致有四种作用：一是观照实相，二是无所执着，三是断灭诸种迷惑，四是能引道出方便之能。这四种作用是依次生起的，由不见一切迷相，而见实相。实相既然无所依着，则般若也无执着；因无执着，则诸惑寂灭；因无惑故，所以能生方便，涉于有境而不为所执。

问：方便涉于具有几种作用呢？

答：一是观照有境之功，二是有不证入空之力，三、是有起诸行之作用。

原典

论境智门第四。夫智不孤生，必由境发，故境为智本。境非独立，因智受名，故智为境本。是以非境无以发智，非智无以照境。非境无以发智故，境为能发，智为所发。非智无以照境故，智为能照，境为所照。境为能发为智所照，即境能为智所。智为能照为境所发，则智能为境所。境之所照能发于智故，境所为智能。智之所发能照于境故，智所为境能。不得言境前智后，亦非智前境后，亦非一时，唯得名为因缘境智也。

问：云何波若具知无知？

答：波若知实相即缘观俱寂，是故无知。而境智宛然，故不失知，此无知而知，知则无知。

问：若尔，与开善"至忘弥存"何异？

答：彼"弥存"之义，终非"至忘"；"至忘"之义，终不"弥存"。今以"弥存"为"至忘"，"至忘"为"弥存"故为异也。

问：旧义亦然，与今何异？

答：彼"至忘"时，智终不作境，境终不成智，则是境智二见。若智即是境，境既无知，智亦应尔。若境则是智，在智既照，境亦应然。今对此一门，略叙大乘枢要，观行渊府。经云，贪欲则是道，恚痴亦复然。如是三法中，无量诸佛道。贪欲则是道者，然贪欲本来寂灭，自性清净，即是实相。如斯了悟，便名波若。岂有实相之境异波若观耶！故境智不二。照贪欲虽本寂灭，而于众生宛然有贪，便名方便。伤其无贪谓贪，而欲拔之故，此方便即名大悲。欲令悟贪无贪，与无贪乐，即此大悲复名慈也。故一句观行，具境智二门、慈悲两观。初信此法便名十信，次解此法称为十解，乃至证悟究竟了达，名为佛心。岂非一贪观中具诸佛道！次论二经。

问：《大品》明实相不生不灭，能生波若。《涅槃》云十二因缘不生不灭，发于观智。二经同释境智，有何异耶？

答：《涅槃》就十二因缘辨境智义，欲明众生皆有佛性，众生即是十二因缘，因缘能生即境，所生即智，更无二体，故明合境智也。《大品》辨实相生波若，能生即是无为波若，所生即是有为观智。故不转无为波若，成有为波若故，开境智也。此皆不二而二，故二经不同。若二而不二，更无异也。

译文

第四，论述境与智的关系。智不能孤立地产生，必须由境才能产生，所以境是智之本。境亦非独自存在，它是因智才有其名，所以智又是境之本。因此不是境不能生出智，不是智就不能观照境。不是境不能产生智的缘故，境是能发，智是所发。不是智不能观照境的缘故，智是能照，境是所照。能发智之境为智所观照，所以能发之境是所发之智。能观照之智是由境所产生出来的，所以能观之智就是所观之境。所照之境能产生智的缘故，所照之境是能照之智。所发之智能观照境的缘故，所发之智是能发之境。因此不能说境在前智在后，也不能说智在前境在后，亦不是同时，只能说是在一定的因缘条件下的境与智。

问：为什么说般若具有知与无知呢？

答：般若认识到实相，一切有关因缘的认识便都消失了，所以般若是无知。但是境与智却存，所以并非无知，这是无知之知。如果有知则又是无知。

问：如果这样的话，那么它与开善法师的"至忘弥存"之义有什么不同？

答：他所谓的"弥存"之义终不是"至忘"之义，"至忘"之义说到底也不是"弥存"之义。我现在是把"弥存"当作"至忘"，把"至忘"当作"弥存"，所以与他的说法不同。

问：旧义所讲大概就如上所说，那么与现在所说的二智义有什么不同？

答：他所说的"至忘"之时，智最终也不能成为境，境也不能成为智，由是境智成二见。如果智就是境，境既然是无知，智也应如此。如果境就是智，智既然能观照，境也应如此。现在我针对这一点大概地讲一下大乘之关键，观行之深妙。经中说：贪欲就是道，恚与痴也是如此。在如此的三法中包括了无量的佛道。所谓贪欲就是道者，就是说贪欲本来是寂静的，其自性是清净，也就是实相。作如此理解便叫般若。实相之境不可能不同于般若之观，所以境智不二。认识到贪欲虽然本性寂灭但于众生中宛然而有贪，这就是方便。感伤于其本来无贪而他自己偏认为有贪，因此想帮助他去掉这种贪，这种方便就是大悲。想使其领悟贪本是无贪以及无贪之乐，这种大悲又叫慈。所以说一句的观行中，具有境智二门、慈悲两观。开始相信佛法叫做十信，理解此法称为十解，乃至最后证悟究竟，就叫佛心。这岂非于一贪观中具有所有佛道。现在再来论二经的不同。

问：《大品般若经》中讲实相不生不灭而能生般若。《涅槃经》讲十二因缘之不生不灭产生于能观之智。两经共同解释境智，有什么不同呢？

答：《涅槃经》就十二因缘来分别境智义，是想说明众生都有佛性。众生即是十二因缘，因缘能生就是境，所生就是智，并无二体，所以以此来阐明境智合一。《大品般若经》分析实相生般若，能生就是无为般若，所生就是有为之观智。所以不把无为般若转变成有为般若，所以分开来说境智。这都是不二而二，所以两经不同。如果从二而不二的角度看，两经并没有不同。

原典

同异门第五。

问：凡有五时二智：一、照事中之法为权，鉴四谛之理为实，谓三藏教[①]二智也。二、照真空为实，鉴俗有为权，此大品教二智也。三、知病识药为权，应病授药为实，《净名经》二智也。四、照一乘为实，鉴二乘为权，《法花》二智也。五、照常住为实，鉴无常为权，《涅槃》二智也。如上所明者，乃是释《大品》教意，云何以道《净名经》宗？

答：五时之说、四宗之论，乖文伤义，古已详之。今当略说，寻一经之内，具有五文，不待始终，方备诸智。

问：若一经之内具诸智者，众经何别？

答：诸大乘经，通为显道，道既无二，教岂异哉？但入有多门故，诸部差别，虽一经之内具含五种，而明义傍正不同。三藏一教，唯明事理权实，未辨余门二智；《大品》以空有为正，余义为傍；《法花》三一为端，余皆泛辨；《涅槃》以常无常为正，余悉兼明。

问：众经何故有此傍正？

答：有二种菩萨：一、直往佛道，二、回小入大。波若为直往菩萨，说方便实慧不堕三界，不住二乘，有两健人，各扶一腋，直至佛道。故《法花》云："有佛子心净柔濡亦利根，我记如是人来世得作佛。"此则指波若时事，不须明三乘为方便、一乘为真实。又回小入大之人，于波若时通根未成，故不正明三一之义。而《毕定品》引《法花经》明退不退，盖是波若后分傍及之耳。

注释

① **三藏教**：即小乘教。佛涅槃之后，佛的弟子大迦叶等结集经律论而包括小乘之教理，所以称小乘为三藏教。

译文

第五，论众经讲二智同异的问题。

问：一般上说有五时之二智：一是观照事中的法为权，认识四谛之理为实，这是三藏教之二智。二是观照真空为实，认识俗有为权，这是大品般若教之二智。三是知病与药为权，针对疾病施药为实，这是《净名经》的二智。四是观照一乘是实，相对一乘的二乘便是权。这是《法华经》的二智。五是以常住为实，无常为权，这是《涅槃经》之二智。如上面所说，都是解释《大品般若经》的教意，为什么要冠以《净名》等经的名字呢？

答：五时之说、四宗之论，都是有背于经文与经意的，这一点早就为众人所知。现在我再略加评说，其实在一经之内，就都具五时之说。不管始或终，都具有五时二智之说。

问：如果在一经之中具备诸种智，那么众经有什么区别呢？

答：众多的大乘经，都是为显佛理，佛理既然没有两种，诸经之教岂能有所区别？但是趣入佛道有多种途径，所以诸经所说有所不同。即使一经中包含五种二智，但也有重点论述与非重点论述之别。如三藏一教中，只讲事为权、理为实，并未讲其余的二智。《大品般若经》论空有为正，其余为傍。《法华经》论三乘、一乘为主，其余皆泛泛而论。《涅槃经》以常、无常为主，其余为兼论。

问：诸经为什么有侧重点之不同呢？

答：有两种菩萨：一是直入佛地，二是由小乘入大乘。般若所论即是直入佛地之菩萨，因为般若讲方便与实相之慧是为了不堕入三界，不住于二乘，好比有两个健步如飞之人，各扶其一胳膊，使其直趣佛地。所以《法华经》说："有佛之弟子其心清净柔顺而具利根，我知这样的人当在来世中成为佛。"这指的就是般若时的事。这时不必讲三乘是方便，一乘为真实。而由小乘入大乘之人，在般若之时未具利根，所以《大品般若经》不正面讲会三归一之理。而《般若经·毕定品》引《法华经》讲三乘之人退转与不退转，是在般若后分中略略涉及了这个问题。

原典

长短门第六。总论众经,具有四句:

一、实智长权智短,二、权长实短,三、俱长,四、俱短。实智长权智短者,此约动静以分二智。静鉴空有为实故,实义即长;外反动为权,权但是有用,所以为短。……所言权长实短者,此约鉴空为实,照有为权,分于二智。照空为实,实智唯是静鉴,故名为短;照有为权,权备动静,内照根药为静,外应病授药为动,权通动静故言长也。二智俱长者,就空有以分权实。实智照空,权智鉴有。鉴有之中,明动静二有,实智照空,动静皆空,是故二智无有长短。二智俱短者,但就有中以分于二。内静鉴有为实,外动用为权,故俱短也。

译文

第六,论二智之长短。总论众经中之二智,有四句话可以概括:

第一,实智长而权智短;第二,权智长而实智短;第三,二者俱长;第四,二者俱短。所谓实智长权智短,是从动静来区分二智。从静的角度看,以静观空有为实，此实义就是长；从动的角度看，外在的活动为权，这种权也就只是用，所以是短。……所谓权智长实智短，是以观空为实，照有为权来区分二智。照空为实，此实智只具静观之义，所以是短；观有为权，而权智具动静之义，以向内观根本之药为静，外因病施药为动，因权智通于动静，所以是长。所谓二智俱长，是从空有角度区分权实。实智观空，权智观有。观有之中，有动静二种有；实智观空则动静皆空，所以二智不分长短。所谓二智俱短，是单就有来说二智。向内静观有为实，向外有种种活动之用为权，所以说二智俱短。

原典

六智门第七。兴皇和上[①]昔讲此经，明六种二智，以为三双：谓方便实、权实，实方便、权方便，方便权、实权，故有两实、两权、两方便也。方便实者，对方便以辨于实，谓知实相慧，故名为实也。权实者，凡有二义：一、就菩萨辨之，如照有为权，就此权中，更复明实。如内静鉴根药为实，外反动为权故名权实。又如不病之身，为权中之实，亦明权实。二、约声闻明权实者，二乘照事中之智为权，鉴苦空之理为实。今以大望小，明二乘之实者，盖是权明实耳，非究竟实也。

次双云：实方便、权方便者，实方便，即对照实相之智，名为实方便；权方便者，即对上二乘之实，明二乘方便，此是权方便耳。

三双云：实权、方便权者，实权即从实起权，故名实权。如照空有皆名为实，但取外用目之为权。又实权者，二乘之权，此是虚权；菩萨之权，名为实权。方便权者，此以照空为实，照有为方便，就方便中，更复起权，如内照有为实，外动用为权。此之六门成长短义也。

注释

① **和上**：即"和尚"的另一种译法，也译为"和社"等。在中国典籍中是对佛教师长的一种称呼。后泛指出家僧人。

译文

第七，论六智。兴皇法朗和尚过去讲般若经，提出六种二智的说法，即为三对，方便实、权实，实方便、权方便，方便权、实权。所以有两种实、两种权、两种方便。所谓方便实，是针对方便而说实，也就是认识实相之智慧为实。所谓权实，一共有两种意义：一是就菩萨说，如果以观照有为权，则在此权中更应明实，如向内静观根治疾病之药是实，而向外的施药救病就是权，因此说权实。又比如说没有病之人的身体，就是权中之实，这也说明了权之实。二是就声闻人来说明权实。二乘之人观照事中的智是权，观苦与空之理是实。假如从大乘看二乘所谓实，只是以权明实，不是究竟实。

第二，对实方便与权方便。所谓实方便，是针对观照实相之智而说实方便。所谓权方便是针对上面说二乘之实与二乘方便，而说此为权方便。

第三，对实权、方便权。所谓实权就是从实起权，所以叫实权。比如观照空有都是实，以此而行动于外便是权。另外二乘的权是虚权，菩萨之权是实权。所谓方便权，这是以观空为实，观有为方便。在方便之中，更再生起权义，如内观有为实，外生起用为权。这就六智各自的特点。

原典

论开合门第八。二智具有开合四句：

一者开于二慧。如前所明，照诸法实相故名波若，照实相诸法称为沤和。如来内照此二，故有二慧；佛从此二生故，有父有母；外为众生还说此二。……次第二合二慧者，明波若与沤和皆是波若，所以然者，波若为体，沤和为用。体即波若之体，用是波若之用，故皆名波若。……第三合权实皆名权者，照有功用既名为方便，照空之巧，亦是方便故。二照同巧，即两皆方便。……四者不开不合，即泯上三句明诸法，正观未曾有实，亦未曾是权，亦未曾开，亦未曾合，故云是法不可示。言辞相寂灭，佛不能行，佛不能到，而今有开合实权者，皆是无名相中，为出处众生故，明开合不同耳。

译文

论二智分开与合起来讲的问题。二智的开与合有四句话可以概括：

第一，分开说是二种智慧。就如前面所说，观照诸法实相是般若观照实相之诸法，就是沤和也即方便。如来向内观照此二，所以有二种智慧。佛则依此而生，所以般若为母方便为父。向外对众生也还是说此二种智慧。……第二，合起来看二种智慧，也就是说般若与沤和都是般若，之所以如此，是因为般若是体沤和是用。体就是般若之体，用就是般若之用，所以都是般若。……第三，合权与实都可说是权。观照有之用既然叫方便，观照空之巧用，也可以说是方便。二种观照既然都是善巧，所以也就都是方便。……第四，既不开也不合，也就是把上面三种说法合起来看诸法，则正确的观照是既未曾有实，也未曾是权，也未曾是开，也未曾是合，所以说这种法是不可以言语表达的。所谓言语上的寂灭，佛不能行证此法也不曾到此，而现在有这些开合权实，都是要在无名无相中，为众生假设的一种出路，所以要论开合之不同。

原典

断伏门第九。

问：若尔，应无有断，何故经云，一念相应，慧断烦恼习耶？

答：如上推之，即毕竟无断；如是了悟，即是断也。所以然者，于一切处求解惑无从，即心无所依。心无所依，即众累清净，故名为断也。断与不断不相违。

问：以无所依名为断者，为波若断为方便断耶？

答：旧云，波若是空慧故断，方便照有即不断也。今明，有所得空有二慧，俱不能断；无所得空有俱能断也。但"不二"而"二"，开二慧不同。方便实慧，即不断而断；实慧方便，断而不断。

问：何故尔耶？

答：有所依着，是诸烦恼根；诸法实相，是无着之本。由实相无所依，故生波若，波若即无所著，故众惑清净，故名断也。

问：大乘亦有假名实法义不？

答："二"是假名，"不二"为中道，中道即是实相，故名实法。迷因缘假名二谛，称为假惑；迷"不二"实相，目实惑也。

问：云何迷耶？

答："不二""二"名为二谛，"二""不二"为中道。"二"定"二"故名迷假，"不二"定"不二"称为迷实。又"二""不二"皆名为假，非"二""不二"方为实。迷此假实，名假实惑也。

译文

第九，论二智的断灭的问题。

问：如上面推理应该没有断，那么为什么经中说，如果一念得当相应，智慧便能断灭烦恼习气？

答：如果像上面推论，就没有断灭；如果像经中所说，则有断灭。之所以会出现这两种情况，是因为想让众生在所有的地方求解、除疑都无所适从，这样便使其心无所依。心无所依，即是众迷执变为清净，因此又可以叫做断。断与不断并不相违背。

问：把"无所依"作为断，那么这种断是般若之断还是方便之断？

答：过去认为般若是空的智慧，所以是断；方便是有的智慧，所以为不断。而我现在认为，如果有所得，则空有二种智慧都不能断灭；如果无所得，则空有都能断。但因不二之二义，分别二种智慧不同：方便之实，是不断而断；实之方便，是断而不断。

问：为什么这样呢？

答：有所执着，是诸种烦恼之根本；诸法实相，是无执着的根本。由实相之无所依着而生出般若智慧，般若智慧也是无有执着，所以诸种迷惑变为清净，所以就叫做断。

问：大乘是否也有假名与实法的区别？

答：有。"二"就是假名，"不二"是中道，中道是实相，也可称实法。如果迷于因缘假名之二谛是假名之惑；如果迷于"不二"之实相是实法之惑。

问：为什么说它是迷呢？

答："不二"之"二"是二谛，"二"之"不二"是中道。"二"一定是"二"就是迷于假名，"不二"一定是"不二"就是迷于实法。再者，"二"与"不二"都是假名，非"二"与"不二"才是实法。迷于这种假实就是假实之惑也。

原典

摄智门第十。

问：权实二智摄智个尽不？

答：摄智皆尽。经有一智①、二智②、三智③、四智④、五智⑤，乃至七十七智，皆二智摄。

注释

① 一智：吉藏所指为如实智。

② 二智：此处指一切智与一切种智。

③ 三智：吉藏认为有多种说法：据《涅槃经》则有般若之下智、毗波舍那之中智、阇那之上智，三智分别为众生、二乘、佛菩萨所具有。

④ 四智：即我生已尽为断集之智、梵行已立为修道之智、所作已办是证灭智、不受后有是知苦智。

⑤ 五智：即法住智、泥洹智、无诤智、愿智、边际智。

译文

第十，论二智摄所有智的问题。

问：二智是否包摄全部的智呢？

答：包摄全部的智。经中说有一智、二智、三智、四智、五智，乃至七十七智，都是二智所包摄。

原典

常无常门第十一。略明四句。……一者语同意异，语同上来所辨，乃有常无常。

问：何故语同耶？

答：语出经论，经论共享，何得不同？而意异者，《中论》云："言语虽同，其心则异。"今明，此是无分别中善巧分别，不二二义，故开常无常、境智二义耳。既云"不二""二"，即虽"二""不二"。如《大经》[1]云：我、无我无有二相，常无常亦尔。经云：愚人谓二，智者了达，知其无二。复有愚者但谓不二，智人了知"不二"而"二"。何者愚人？不识常、无常，不知境智，故是无明，无明故为愚。智人了知常、无常，名为智者。是故名为语同意异也。

二者语异意异，有所得人，不善分别；无所得大乘能善分别，故名语异。一者是无所得心善分别，二者有所得心不善分别，故名意异。

三者语同意同者，语与诸佛、菩萨、方等经论同，意与诸佛、菩萨无依正观亦同，故名语同意同。又语与有所得人语同，有所得人复有少分得处，今意亦与彼同，故云语同意同。

四、语异意同，语虽异经论，而意符合道，亦得用之。又语异旧宗，而意同会佛旨，亦得用之。宜以斯四句，总贯诸门，不应一向偏有去取。

问：何故明此四句？

答：有二种人：一始学大乘，谓必须一向与旧宗为异，则成谤法。所以然者，语出经论，宜共享之，但得与无得其心各别，不应以意异故，令语亦异。二者学小乘人，玄与大乘异，强谓义同，是亦谤法。所以然者，小乘语意与大乘语意实不同，而强谓同，如学《成实论》者，谓无相、灭谛与方等理均，故亦名谤法也。为此大小学人，宜开同异四句。

注释

①《**大经**》：《大品般若经》之略称，也略称《大品》。系大乘佛教初期说般若空观之经典。

译文

第十一，论常与无常。大致分为四句话论述。……一，语同而意异。言语相同之义上面已有分析，即是指常与无常。

问：为什么言语会相同呢？

答：言语出自于经论之中，是经论中共同所用，怎么会有不同呢？而所谓意思相异，就如《中论》说："言语虽然相同，但其深义则不同。"现在具体来分析，因为在无分别中有善巧方便之分别，有不二之二义，所以就分有常与无常、境智两种说法。既然说是不二之二，也就是说虽二而不二，如《大品般若经》说："我、无我没有二种形相，常与无常也是如此。"经中还说：愚钝之人认为有二种形相，而智慧者通达，知并没有二种形相。还有一些愚钝之人只知不二，智能者则知不二之二。那么什么样的人是愚人呢？不知常与无常，不知境与智，所以是无明，无明所以是愚钝。智慧之人知常与无常，所以是智慧之人。因此说言语相同而意义相异。

二，言语不同，意义也不同。有所得之人，不能进行分别；无所得之大乘，能够很好地分别，所以说从语言上看是不同。另一方面无所得的心善于分别，而有所得之心不善于分别，所以其意义也不同。

三，言语相同，意义也同。言语与诸佛、菩萨、大乘之经论等相同，意思与诸佛、菩萨无所得的正确地观照也相同，所以说言语相同，意思也相同。再从有所得之人来看，常与无常之言语同他们理解的常与无常也是相同。另外有所得之人，尚存有得之心，其意也与他们理解的常无常相同，所以说言语相同，意思也相同。

四，言语相异，但意思相同。言语虽不同于经论所说，而其意则合于佛意，因此也能应用。再者言语不同于旧的宗派所论，但其意合于佛的宗旨，也能够加以应用。总而言之，应该以此四个方面来贯通不同之说法，而不应偏执于一种说法去对别的说法进行取舍。

问：为何要说这四方面呢？

答：因为有两种人：一是始学大乘之人。他们以为既然是大乘，就必须与以前的说法不同，因此强调言语相异，最终成了诽谤佛法。之所以如此，是因为语言出自于经论，应该共同使用。只是有得之心与无得之心不同，因此不应以意思不同而定要强求言语的不同。二是学小乘法之人。其意与大乘不同，定要说是相同，这也是诽谤佛法。之所以如此，是因为小乘的语义与大乘的语义实在并不同。如果强要说其是同，就如学习《成实论》的人说"无相""灭谛"与大乘的义理是一致的，因此说这就是诽谤佛法。针对初学大小乘之人，因此应该讲说此四个方面。

原典

得失门第十二。权实是圣人之观心，真俗为众圣之妙境。上已略明二慧，次广论真俗。真俗之本若成，权实之末自正，故开十二门详其得失。

译文

第十二，简单的总结，权智是圣人观照的关键，真俗是诸圣人的妙境界。上面已大略论述二种智慧，其次也广泛涉及真俗的问题。真俗之根本如果能成立，则权实之末也就自能正确。因此就立第十二门简单地进行总结。

5　卷五

原典

教迹义三：

一、释教不同门，二、感应门，三、净土门。

释教第一。至理无言，所以言者，言生于群心，然群基百差，致令圣教万殊，万殊言教，解释不同。成论师或言四时，或言五时[1]，引《涅槃经》云："从牛出乳，从乳出酪，从酪出生酥，从生酥出熟酥，从熟酥出醍醐。又从佛出十二部经，从十二部经出修多罗，从修多罗出方等经，从方等经出波若波罗蜜，从波若波罗蜜出大涅槃。"成论师五味相生配五时教、四谛教，有相差别故出十二部经。修多罗名法本，波若是诸法根本故，波若名修多罗。《维摩经》广明菩萨不思议法门故，

《维摩经》名方等经。

一乘之中波若最胜，故《法华经》名波若波罗蜜。《涅槃经》时明常住佛果，故言出大涅槃。今谓不尔，十二部经，是别相修多罗。从十二部经出修多罗者，是通相修多罗。从通别两教起大乘万行故，言从修多罗出方等，万行之中，波若为主，故言从方等出波若波罗蜜。从此二因得大涅槃果故，言从波若波罗蜜出大涅槃。此乃教行因果相生，非是判五时教也。

地论师云有三宗、四宗。三宗者，一、立相教，二、舍相教，三、显真实教。为二乘人说有相教；《大品》等经广明无相，故云舍相；《华严》等经，名显真实教门。四宗者，毗昙是因缘宗，成实谓假名宗，三论名不真宗，十地论为真宗。今谓不然，此人罪过甚深，勿谤波若，堕于无间[2]。今依此论具明三佛，又弥勒、天亲释波若经文亦明三佛，故知波若等经，具明常住佛果、佛性、正因、十地、了因。若尔，何不名显实教，应依四依[3]大圣，莫依凡妄执也。

问曰：若唱成地二家之失，今云何判佛教耶？

答曰：菩萨藏、声闻藏，大乘、小乘，有余、无余，作、无作，了、不了，有边、无边，顿、渐、半、满[4]，常、无常，有量、无量门往收。不以具足十门方收，但以一一门摄无量法藏，摄门非一，故有十门。

注释

① **五时**：是鸠摩罗什弟子慧观的判教观点，他把佛教各种说法归纳为二教五时。"二教"即顿教(《华严经》)和渐教。渐教又分为五时即三乘别教、三乘通教、抑扬教、同归教、常住教。

② **无间**：即无间地狱，也称阿鼻地狱。

③ **四依**：有种种不同说法，据吉藏在《大乘玄论》所说，有两种四依：一、是法四依，即依法不依人、依义不依语、依智不依识、依了义经不依不了义经。人四依又分为小乘人四依和大乘人四依。小乘人四依为小乘五方便为第一依，须陀洹、斯陀含为第二依，阿那含为第三依，阿罗汉为第四依。大乘人四依分别为十地之前为第一依，初地到六地为第二依，七、八、九地为第三依，第十地为第四依。

④ **半、满**：就是半字教与满字教。大乘教自称是圆满无缺的满字教，贬称小乘教是半字教。

译文

教迹之义有三方面：

第一，判释佛教之不同；第二，感应之义；第三，净土之义。

第一，判释佛教。至高的道理是无法以言语表示的，之所以要使用语言，是因为言语产生于众生之内心中。然而众生之根基又千差万别，致使对至高之教理理解又不相同，理解不相同，用语言所进行的解释也不相同。成论师提出了四时教或五时教的判教之说。他们引《涅槃经》说："从乳牛中而有牛乳，从牛乳而有奶酪，从奶酪而有生酥，从生酥中而有熟酥，从熟酥而有醍醐。也可以说从佛而有十二部经，从十二部经而有修多罗，从修多罗而有方等经，从方等经而有般若波罗蜜，从般若波罗蜜而有大涅槃经。"成实论师依此认为，既然有乳、酪等次第产生，也可以用它来比喻五时教、四谛教。佛说法种种不同，故有十二部经。修多罗汉译是"契经"、"经本"之义，而般若也是诸法之根本，所以般若也就是修多罗。《维摩经》广泛地论述了菩萨之种种不可思议的法门，所以《维摩经》就是方等经。

在一乘法之中，般若为最胜之法，所以《法华经》是般若波罗蜜。《涅槃经》之时经常论佛果常住，所以其就是大涅槃。我却认为并非如此，十二部经，是别相修多罗，从十二部经所出之经，是通相修多罗。从通别两种修多罗而生起大乘诸种行动。所谓从修多罗而有方等经，而万行之中，般若最主要的，所以又说从方等而有般若波罗蜜。从此二种因而得涅槃之果，所以说从般若波罗蜜而得大涅槃。上面这些只是教与行的因果相生，而不是要判为五时之教。

地论师认为有三宗、四宗的说法。所谓三宗，是指第一立相教，第二舍相教，第三显真实教。针对二乘之人说有相之教；《大品般若经》等经讲无相，所以说舍相；《华严经》等类经，是显真实教。所谓四宗，毗昙是因缘宗，成实是假名宗，三论名不真实宗，十地论是真实宗。我则认为不是如此。这些人罪过很深，所以不能再像他们那样诽谤般若，否则会堕于无间地狱。如果依据《十地论》讲有三佛之说，而弥勒、天亲解释般若经也讲三佛，因此可知，般若等经也都论述常住之佛果、佛性、正因、十地、了因等问题，如果这样的话，为什么不都是显实教呢？因此应该依据四依之圣法，而不依凡情之妄执。

问：上面说了成实论师与地论师判教之过失，那么现在怎样判释佛教呢？

答：菩萨藏与声闻藏、大乘与小乘、有余与无余、作与无作、了与不了、有边与无边、顿与渐、半字教与满字教、常与无常、有量与无量等十门，并不是凑够十门才停止，只是因每一门都摄无量之法，所摄之门非一，所以假说有十门。

原典

感应第二。有三义：感应者，乃是佛法之大宗，众经之纲要。言感者牵召义，应者赴接义。众生有善，致彼佛前，垂形赴接，理无乖越，谓之感应。凡夫感而不应，诸佛应而不感，菩萨亦应亦感。感者不同，略有四种：一者感形不感声，但见佛不闻法。二者感声不感形，直闻教不见佛。三者形声俱感，见佛闻法。四者不见佛不闻法，直感神力密益。

感应体第二。

问：三世善何善感耶？

答：……今明，三世善感，过去现在为正感，未来为傍感。故经云：过去久修善根，及今念佛，得见如来。

表应部第三。佛灭度后有形象及经书，此名表应，非为正应。所以然者，以丈六及言教观机而现，既其应机，应谓之正应。众生见闻之后故，造像表其所见，书写传其所闻，既有由众生非正由佛，故为表应非正应也。

译文

第二，论述感应。有三层意思：感应问题是佛法之大旨，众经的纲要。所谓感是牵引、召唤义，应是接应之义。众生修善行，能达佛前，佛现形象而接应之，众生与佛之间没有不同之处，这就是感应。凡夫只有感而没有应，诸佛只应不感，菩萨也感也应。感又有种种不同，大略有四种：一是只感形不感其声，只见佛之形，而听不到佛所讲之法。二是只感声而不感其形，也就是说只听到佛之教诲，而不见佛形。三是形与声都能感，既见佛又闻其法。四是不见佛也不闻佛法，直觉到种种神力的秘密地帮助。

第二层感应体。

问：三世之善是哪一种善感应呢？

答：……我认为三世之善感，过去、现在之善为正感，未来之善为傍感，所以经中说：过去长久地修习善根以及现今念佛能够见如来。

第三层表应部。佛灭度之后有其形像及经书，这就是表应，不是正应。之所以如此，佛之真身以及其言教因种种之机而显现，既然是应种种要求而生，这种应就是正应。众生见佛闻法之后，造佛像来表现其所见，书写其所闻之佛法，这些既然都是来源于众生，而不是由佛，所以是表应而非正应。

原典

净土第三。有二义：

通二别。净土者，盖是诸佛菩萨之所栖域，众生之所归。总谈佛土，凡有五种：一、净，二、不净，三、不净净，四、净不净，五者杂土。所言净者，菩萨以善法化众生，众生具受善法，同构善缘，得纯净土。言不净者，若众生造恶缘，感秽土也。净不净者，初是净土，此众生缘尽，后恶众生来，则土变成不净也。不净净者，不净缘尽，后净众生来，则土变成净。……言杂土者，众生具起善恶二业，故感净秽杂土。此五皆是众生自业所起，应名众生土，但佛有王化之功，故名佛土。然报土既五，应土亦然。报据众生业感，应就如来所现，故合有十土。

问：以何为土体？

答：……今明有三种：若是法身净土，以中道为体；亦是报佛净土，七珍[1]为体；亦是化身净土，以应色为体。通而为论，皆是中道为体，以二是用。

注释

① 七珍：也称七宝。佛经中说法不一。《大智度论》中以金、银、琉璃、砗磲、赤珠、码瑙等为七珍。

译文

第三，论净土。有两方面：

一是通论，二是别论。首先通论，净土，是诸佛及菩萨所居住之所，众生所回归的地方。总起来谈佛土有五种：一，净；二，不净；三，不净净；四，净不净；五，杂土。所谓净，是菩萨以善法教化众生，众生接受善法，共同构筑善缘，得到纯净之土。所谓不净，如果众生造作恶缘，则感应秽土。所谓净不净，开始是净土，后来众生善缘尽，变成了恶众生，则土也变成了不净。所谓不净净，不净之恶缘尽，后来具净缘之众生来，不净就变成净土。……所谓杂土，众生具有善恶二种因缘，所以感应秽土与净土之杂土。此五种都是众生所造作之业所感应之土，应叫做众生土。但是佛又有教化之功，所以又叫佛土。既然报土有五种，应土也是如此。报是依据众生之业而感，应土是依如来佛而现，所以合起来有十土。

问：什么是土之体？

答：……我认为有三种：如果是法身净土，以中道为体；如果是报身佛之净土，就以七珍为体；如果是化身净土，就以变化之色为体。总而言之，都以中道为体，其他两方面是用。

原典

第二、别论西方净土，有五之别：

一、常无常者。……今明常住，文云，究竟一乘至于彼岸，故知是常。依论种种说常。二、明三界非三界者，如《释论》所明，在地不名色界，无欲染故不名欲界，有色形故不名无色。经云：无须弥山、大海、江河，故知无三界。文云，佛问弥勒、阿难：汝见彼国于地以上至于净居天，其中所有微妙严净自然之物不？阿难对曰：唯然，已见。既言已见，不得无三界。自在物机不可定判，斯则无粗三界，有细三界耳。第三、有声闻无声闻者，经云有得阿罗汉果。……今此经言有，故应有声闻。第四、有天人无天人者，经云非天非人。若依此文，则是一相，岂可分别是人是天？而文云，因顺余方故，有人天之名者，此有时胜者为天，劣者为人。欲引秽土人天，生于净土，实无人天别也。第五、有胎生①无胎生者，皆应化生②，应无胎生。

注释

① **胎生**：四生之一。如人类那样，由母胎而生，是谓胎生。

② **化生**：四生之一。无所依托，借助业力而出现者，如诸天神、饿鬼等。

译文

第二，别论西方净土，有五个方面：

一是常与无常。……我认为有常住之佛果。经文中说，究竟之一乘抵达彼岸，所以知是常。依种种论，也讲常。二是论三界与非三界，如《释论》中说，在十地中不名色界，无欲染污所以不叫欲界，有色与形就不能叫无色。经中还说，无有须弥山、大海及山河，所以知道没有三界。经文中还说，佛问弥勒、阿难：你们见到十地以上至于净居天其中的所有庄严微妙自然之物吗？阿难对答：能够见到。既然已经见到，就不能没有三界。由此看来三界有无不能定说，只能说无粗三界，有细三界。三是有声闻与无声闻，经中说有得阿罗汉果之人。……据此经说有阿罗汉果，故应有声闻人。四是有天人与无天人，经中说既非天也非人，如果依此经文，则天人是一相，怎么能分别是人是天呢？又有人认为为了顺应一般人的想法才有人天的区别。这里就是以胜者为天，劣的为人。但最终说来劝引秽土之人生于净土，实质上并无人天之别。五是有胎生与无胎生，净土中应都是化生，无有胎生。

原典

论迹五门：

一、明破申大意，二、明四论宗旨，三、明经论能所，四、明释中观论名，五、明论缘起。

所以须辨破申大意者，无问内外学徒，凡有制作，皆辨破申。故内外并云，自是而非彼，美己而恶人。

问：谁能破邪，用何显正？

答：不出人法。人即是圣人，法名正法，若备法人，则能破邪显正。就此则有三双：一者佛与菩萨，二者经论，三者破申。言佛与菩萨者，佛以中道二智所说名经，菩萨以中道二慧所吐名论，佛以中道二智所说名经，经即是教。教何所示？教则教缘。缘何所禀？缘只禀教。故缘教相应，无不悟入。言悟入者，教辨真俗，缘悟不真不俗；教说因果，缘悟不因不果，其余例然。故因教悟理，悟理故了教，教是理门，故因教达理。感应因缘，冥若扶契，响然而有，壑尔而无，此即佛说教为缘之意也。

　　但教流末代，钝根薄福，寻教失旨，不知佛意，故论初云：求五阴①、十二入②、十八界③等决定相，但着文字不知佛意。闻大乘法中说毕竟空，不知何因缘故空，即生见疑故，于有生见，于空生疑。所以然者，为有所得心有依有得。当闻真俗住真俗，不知本于不真不俗，故还就真俗以求真俗之实，不知就非真非俗以求真俗，还就真俗以解真俗，不知用非真非俗以解真俗。还就末中求末，不知就本求末，本是末本。既不识非真俗本，故不识真俗之末。因果等诸事义例皆然。故如他人，或谓真俗一体，或言异体，或言因中先有果，或言因中先无果等有所言说，并出彼妄情所构，曾非经论所明。是故断常交兴，生灭竞起，邪言隐覆，正教不申。所以龙树菩萨府兹弱丧，显八不教门，折彼断常，周还不二，破申之义，大略如此也。

　　问：若个是邪而言破邪，何者是正而道申正？

　　答：邪既无量，正亦多途。大略为言不出二种：谓有得与无得。有得是邪须破，无得是正须申。

注释

① **五阴**：又作五蕴，即类聚一切有为法之五种类别。（一）色蕴，即一切色法之类聚。（二）受蕴，苦、乐、舍、眼触等所生之诸受。（三）想蕴，眼触等所生之诸想。（四）行蕴，除色、受、想、识外之一切有为法，亦即意志与心之作用。（五）识蕴，即眼识等诸识之各类聚。

② **十二入**：内六入（眼、耳、鼻、舌、身、意等六根）与外六入（色、声、香、味、触、法等六境），亦作十二处。

③ **十八界**：乃指在我人一身中，能依之识、所依之根与所缘之境等十八种类之法。界为种类、种族之义。谓十八种类自性各别不同，故称十八界，又作十八持，即六根、六境、六识合为十八种，称为十八界。

译文

论迹之义可分为五门：

第一，明破邪申正之大意；第二，论述四论宗旨的异同；第三，明经论之能所；第四，明解中观论名；第五，论缘起。

（第一明破邪申正）之所以如此，是因为无论佛教徒还是外道，凡想有所创意，都必须破邪申正，所以佛教徒或外道都说，自己是对他人是错，赞美自己而贬抑他人。

问：谁能够破邪，谁能显正呢？

答：不出人法二者。人就是指的圣人，法就是指正确之法。如果能具备法与人二者，就能破邪显正。就此又可分成三对：一是佛与菩萨，二是经与论，三是破与申。所谓佛与菩萨，是指佛以其所讲之中道二智叫经，菩萨以其所讲的中道二慧叫论。既然佛以中道二智所说叫做经，经也就是教。教说的是什么呢？教只是缘。缘又依据什么呢？缘依赖于教，所以教缘相应，没有不能悟入佛道。所谓悟入佛道，就是说如果教讲的分辨真与俗之理，那么依此缘就应领悟不真不俗之理。教如果讲因果之理，依此条件即缘就能悟不因不果，其他的也类同于此。所以因教而能悟解佛理，悟解佛理所以明了教。教是佛理之门，所以因教而能通达佛理。教理能起作用依赖一定条件，教理本身也是一种缘，所以说如果能冥契佛理，佛之教便是忽而有，忽而无之缘，这就是佛说教是缘的含义。

但是佛教流传至后来，钝根之人福德薄浅，寻找佛理而失其主旨，不知佛之真意，所以在本论之初我就指出，有人妄求五阴、十二入、十八界等决定之相，只执着于文字而不知佛意。他们听到大乘佛法讲毕竟空，并不知因什么条件而说空，因此就生出怀疑之见，对有、空都发生了怀疑。这是因为他们有所得之心既有执着又有得失。当他们听到人们讲真俗是真俗二谛时，不知道本于不真与不俗，所以还就真俗二谛来理解真俗二谛之实，不知道这是就非真俗来理解的真俗，还是就真俗理解真俗，所以就不正确。这就是不知用非真非俗去理解真俗的缘。再就本与末来说，他们如果求末，还就末中求，就不知到本那里去寻求末。本既是末本，那么既然不知非真俗这个本，也就不能理解真俗这个末。因果等其他诸义也是如此。因此如他人或称"真俗一体"或"真俗异体"，以及"因中先有果"、"因中先无果"这些有得之说，都是出自他们错误认识的构想，并非经论中所明之理。因此，断常之见交替兴起，生灭竞相生起。在邪执之言蒙蔽之下，正确之见也不能申张，所以龙树菩萨针对这种局面，显扬八不的教义，折服那种断常之见，把它们理解成不二的理。破与申的义旨大略如此。

问：那么哪个是邪而说破邪，什么是正而说申正呢？

答：邪既然是无量之多，正也就有许多。但大致说来不出二种：有得与无得。有得是邪必须破斥，无得是正见当申张。

原典

今次第二明四论宗旨义同异。

问：四论[①]既兴，为当是一，为当是异？

今亦可言同，亦可辨其异也。言同者有二义：一者能造论人，同是四依，同禀佛教，同有二智也。二者所造之论，同是无依无得，同申正教。

次辨异者，一捉《释论》望三论辨异，二者就三论中自复有异也。捉《释论》望三论异者亦有多义：一者文义通别有殊，二者破收之异。文义通别殊者，若三论即别通论，通申一切诸教罄无不申，通破一切诸迷，无迷不洗，故是别通论也。若是《释论》即是通别论，意致乃复通漫，而的释一部文言，是故名通别论也。二者收破之异者，若是三论望《释论》，则唯破不收；若《释论》望三论，亦收亦破。所以然者，三论横破诸法，竖除五句。故下文云，无人亦无法，佛亦无所说，何处于何时，谁起是诸见，即是横破诸见也。又云，从《因缘品》来，本末推求，有亦破，无亦破，亦有亦无亦破，非有非无亦破，非非有非非无亦破，即是竖论破除五句,故三论唯破不收也。《释论》亦破亦收者,破除禀教缘迷,申所迷之教也。

次就三论中自论异者,凡有八条:一者辨三论受名不同,二者宗旨有异,三者智有长短,四者破有内外,五者用假不同②,六者申有远近,七者破有傍正,八者论对与不对。

注释

① **四论**:即指《中论》《百论》《十二门论》《释论》。

② **用假不同**:依据吉藏自己在《大乘玄论》中的说明,假有多种,但大致有四类:因缘假、随缘假、就缘假、对缘假,而三论在论述时所采用四种假侧重有所不同,故说"用假不同"。参见《大乘玄论》卷第五(大正四十五·页七十一——七十二)

译文

第二、论述四论(《中论》《百论》《十二门论》《释论》)之宗旨的异同。

问:四论既然已经兴起,那么他们是一还是异呢?

我认为可以说是同，也可以说是异。说其同有两种意思：一是能造此论之人，同是依于四依，同禀受佛之教理，同俱有二智；二是所作之论，同是显扬无依持无所得之理，申张正确佛理。

其次说四论之不同也有两点：一者就《释论》和三论之间来讲其不同；二者就三论自身中讲其不同。就《释论》与三论的不同而言，也有两方面：一者就文义的总论与别论的区别，二者破与立之间的区别。所谓总与别的区别，如果三论是通论，总的申张一切正确之教，破斥一切诸种迷执，没有迷执不除，所以是通论。如果《释论》是别论，虽然其中涉及广泛，但其只是释一部经，所以名通别论。第二破与立的区别，就三论而言，是只破不立；就《释论》而言，是亦破亦立。之所以如此，是因为三论就横的方面说破斥诸法，就竖的方面说破除五句。所以三论中说，既没有人也没有法，佛什么也没说。如果说有佛在什么地方什么时候说佛法的话，这就是邪见。由此可知，三论是从横的方面破斥诸邪见。另外三论中还有从竖的方面破斥的五句话，既破有也破无，亦有亦无也破，非有非无也破，非非有非非无也破。所以说三论只破不立。《释论》是既破又立，即破除学佛法时所产生之迷执，申扬正确之佛法。

其次再就三论自身的差异来论述，具体说有八条：

一者三论各自确立名称的依据不一样，二者三论各自的宗旨不同，三者三论所论之二智不同，四者三论所破斥的对象内外有别，五者三论所论之缘假之义各有侧重，六者三论申扬佛法有远近之分，七者三论中破斥义与申立义的主次不同，八者三论破斥邪迷有有对象与无对象之别。

源流

《大乘玄论》是三论宗的代表著作，三论宗又是以大乘中观学派为其理论源流的。大乘中观学是印度的龙树、提婆所首倡的学派，其经典依据是《大品般若经》，后龙树、提婆又着《中论》《十二门论》《百论》以及注解《大品般若经》的《大智度论》。这就是中国三论宗得以命名的三论，也是《大乘玄论》思想的一个直接来源。如果从中国来考察这种思想流变的话，那就要首先从三论思想的经典源泉——般若经的翻译说起。最早译介入中国的般若类经典是《道行般若经》（支娄迦谶译），也即鸠摩罗什所译之《小品般若》。经过支娄迦谶的翻译，般若思想开始受到重视。

　　另一方面，人们也感到般若类经典翻译的不完备，于是就有了朱士行远行西域求法的行动。他在西域找到了般若的原本，后由无罗叉和竺叔兰译出来，叫《放光般若经》。与此同时，竺法护也西行取经，并翻译出《光赞般若经》，此译本与《放光般若经》是同本异译，而与支译的《道行般若》不是同本。经过般若经的一再翻译，特别是《放光》的翻译后，很受重视，也因与玄学思想相配合，形成了六家七宗的般若学派。到鸠摩罗什时，全面译介大乘经典，并介绍了印度流行龙树系的中观学派。

他在弘始五年译出《大品般若经》（此译与《放光》《光赞》是同本异译），还在以后陆续翻译了印度中观学派的代表作《中论》《百论》《十二门论》，其中以《中论》最重要，它依据并发挥般若思想，对佛教的缘起学说进行论释，借助"世俗谛"和"第一义谛"（胜义谛），论证"缘起性空"和"八不"（不生亦不灭、不常亦不断、不一亦不异、不来亦不出）、"中道实相"的思想。中道联系到二谛，空是真谛，有是俗谛，二者结合起来而成中道，这一思想是龙树一系的思想重点所在，这一思想对三论宗的二谛学说，有很大影响。《大乘玄论》中认为二谛是言教，而非实理，因此不能有所执着，其理论根据正源此。

鸠摩罗什之后，其弟子有僧肇、僧叡（三论宗称之为"关中旧义"之诸师）都是阐扬般若思想之大家。僧叡在《大品经序》说："启章玄门，以不住为始；妙归三慧，以无得为终。"（《出三藏记集》卷八）他首次认为《大品经》的中心内容是心"无所得"。他在《中论序》中还说："《百论》治外以闲邪，斯文（《中论》）袪内以流滞,《大智释论》之渊博,《十二门论》之精诣,寻斯四者,真若日月入怀,无不朗然鉴彻矣。"(《出三藏记集》卷十一)这是第一次把中观四论当作一个整体来理解。而僧肇的著名论作《肇论》则被认为是中国三论宗的第一部论著。

《肇论》主要由四篇论文组成:《物不迁论》《不真空论》《般若无知论》《涅槃无名论》,在四篇论文之前又有真伪难辨之《宗本义》。《肇论》的思想以般若为中心,其中《物不迁论》根据龙树"不来亦不去"的理论,认为无常是"若动而静,似去而留";《不真空论》认为不真即是空,把有无两方面作了统一;《般若无知论》是僧肇在《大品经》译出后写作的,反映了他初期对般若无相与无知性质的理解;《涅槃无名论》中僧肇把他的涅槃归结为两方面,一方面是超脱世俗,另一方面是并不脱离有为的"虚无寂灭"。

鸠摩罗什门下的三论学者,除僧肇比较纯粹外,其他也大都是《成实论》的研究者。僧叡是第一个《成实论》的讲习者。曾注解《中论》的昙影,也是成实论师。另一方面,成实论寿春系创始者僧道,彭城系的僧嵩,也都是卓越的三论学家。其中僧道首次讲三论合在一起解说,著有《三论义疏》《空有二谛论》,已经涉及后来三论宗命宗的主要命题。但是由于当时成实之学正

源流　199

盛，三论之传承便湮没无闻。其间有周颙著《三宗论》，综合了当时关于二谛的种种说法，是三论学此期的代表作。后来《大乘玄论》提及此书，认为周颙从僧朗处得到传授，所以有三宗二谛："不空假"、"空假"、"假空"。（见《大乘玄论》卷一）

真正能够说复兴三论学的就是以僧朗为首的、以摄山为根据地的三论学者，称为"摄山三论学"，也就是吉藏所认为的三论学正统所在。僧朗，亦称"摄岭师"，辽东人，僧朗住于摄山栖霞寺，在那里弘扬三论，对当时的成实论师大加批判，分清了成实与三论的界限。在他的弘扬下，三论影响逐渐扩大，梁武帝亲自讲《大品经》，并选派数十人跟随僧朗学习，其中僧诠最为突出，住在摄山止观寺，后人称为"山中师"。

僧诠的门下著名的有四：兴皇寺法朗、长干寺智辩、禅众寺慧勇、栖霞寺慧布，当时称为诠公四友，各具独到见解。其中法朗发挥无住无得的意义最为透辟。法朗的主要著作有《中观疏》，此书已佚，只在吉藏的著作如《大乘玄论》《三论疏》等中保留了他的一些观点。法朗的弟子就是《大乘玄论》的作者吉藏。与《大乘玄论》共同阐发三论宗思想的主要著作，还有《三论玄义》《二谛章》，理解《大乘玄论》可参看此两部著作。

唐贞观以后，三论宗便逐渐衰亡了。

解说

三论宗承继印度龙树中观之学,以二谛、八不、中道实相为其学说之基本内容。《大乘玄论》也正是围绕此中心出发的。"二谛"原是印度中观之学组织其学说时所用之概念。"真谛"指的是真实的理,"俗谛"指人们世俗的认识。自大乘般若学传入中国,二谛便成为中国僧人的一个中心议题。尤其在南北朝时,"二谛"更是一个热门话题,梁代昭明太子萧统曾组织过一次关于二谛的讨论。他在《解二谛义令旨》中说,真俗二谛,"以定体立名",所以真谛是"实",即"无生境"。俗谛则是由浮伪所作。他把二谛看成二种对立的概念,认为二谛是实理,这也代表了当时大多数人的看法。

　　吉藏则反对这种说法,他说:"二谛者,盖是言教之通诠,相待之假称,虚寂之妙实,穷中道之极号。明如来常依二谛说法，一者世谛，二者第一义谛，故二谛唯是教门，不关境理。"（《大乘玄论》卷一）他认为二谛是假名，是言教，而不是实理。《大乘玄论》中以二谛为言教的典籍依据是《中论·观四谛品》所说的："诸佛依二谛，为众生说法，一以世俗谛，二第一义谛。"吉藏为了进一步明确他的观点，提出了"于谛"、"教谛"的说法："诸法性空，世间颠倒为有，于世人为实，名之为谛；诸贤圣真知颠倒性空，于圣人为实，名之为谛，此即二于谛。诸佛依此而说，名为教谛。"（《大乘玄论》卷五）这就是说世俗之人颠倒的认识与圣人之真知，都是相对于不同对象而以为是"谛"（真理），所以佛所说是依于不同对象而施设的，而不是绝对的真理。

以后针对毗昙师、成实师、地论师等所讲的二谛说，吉藏又提出了四重二谛的说法：第一、俗谛有、真谛无，这是针对毗昙师说事为俗，以理为真，但都是有而言的；第二、有无都是俗谛、非有非无才是真谛，这是针对成实师说；第三、依他、分别是"二"，圆成实则是"不二"，吉藏认为这仍然是"二"与"不二"的相对，所以是俗；只有"非二非不二"才是真谛；第四、上面所有这一切都未超出言语分别、有所得的范围，还是俗谛，只有"言妄虑绝"才是真谛。

"八不"原来也是印度中观的重要思想,《中论》开首归依颂中提出了"不生亦不灭、不常亦不断、不一亦不异、不来亦不出"。吉藏对此"八不"十分重视,他说:"八不者,盖是诸佛之中心,众圣之行处也。"(《大乘玄论》卷二)"八不"所否定的对象是人们对因缘生灭实存的理解,也可以说是对于八种偏执之戏论。不仅如此,吉藏所理解的"八不"也是与"中道"联系在一起的,他认为"八不"就是中道。

　　吉藏还把"八不"和"二谛"合起来说"中道":如就"生灭"这一对来看,主张实有生灭是假、俗谛,从佛理上说无生灭,只有假生灭,所以是非生非灭,这就是俗谛中道;但非生即是不生,非灭即是不灭,但若认为非生是实不生,不灭是实不灭,这同样也是偏见,所以又有"非不生非不灭",这就是真谛中道;前一种中道是就俗谛上讲,后一种是就真谛上讲,将二者合起来,就构成了"二谛合明中道"。

　　吉藏结合二谛与八不来明中道,他所谓的中道,事实上就是否定、破斥而无所得。吉藏认为正邪有多种,但"大略为言,不出二种:谓有得与无得。有得是邪须破,无得是正须申。"(《大乘玄论》卷五)有得与无得的区别也在于前者执有实,后者则视为假名。

　　总结而论,《大乘玄论》所阐述之三论宗要义不外二谛、八不、中道等几方面，用一句话来概括就是"无所得"。从《大乘玄论》之无得可以看出其对任何道理都不认真计较，不把是非得失看到太重。相反，如果从假名的角度看，各种说法都有其一定道理，不容彼此是己非人，这种说法，同僧肇的学说一样很容易道致"立处皆真"的结论，也就是说凡是现实的都是合理的。

如果结合当今世界的多种文化现象来看《大乘玄论》所倡之大义的话，我们可以发现《大乘玄论》中所谓"无得"的思想在今天仍有意义。现代社会的进步、文明的进步都可以说是在"得"与"失"交织中进行的。比如说工业的发展、机械的兴盛、电脑时代的来临等等都从物质方面给人们带来越多便利，人的物质欲望得到了越来越多的满足，但在同时人们又感到精神的紧张，社会的压力、物质的压力都使人们感到不如意，这也可以说是"失"。

但是不管是得是失，它们既然存在就都有它们的存在理由，在一定程度上也就是合理的。上面是从客观的角度看，如果从人的主观角度看的话，竞争越来越激烈的商业文化让人们不断进取，要求"有得"；但人并不能得到时时满足，为了保持心理的平衡，人就又要"无得"、"无执"，把一切看得很轻。这也可以说是《大乘玄论》与今天社会的一种联系。

《大乘玄论》乃至三论宗都产生于学说竞争的时代,因此在它的理论就有这种承认现实合理的倾向,也可说是在努力地调和各个派别间的矛盾。它所采用这种无得、破邪显正的方法对我们正确对待社会文化生活,也是有益的。

出版后记

星云大师说:"我童年出家的栖霞寺里面,有一座庄严的藏经楼,楼上收藏佛经,楼下是法堂,平常如同圣地一般,戒备森严,不准亲近一步。后来好不容易有机缘进到藏经楼,见到那些经书,大都是木刻本,既没有分段也没有标点,有如天书,当然我是看不懂的。"大师忧心《大藏经》卷帙浩繁,又藏于深山宝刹,平常百姓只能望藏兴叹;藏海无边,文辞古朴,亦让人望文却步。在大师倡导主持下,集合两岸近百位学者,经五年之努力,终于编修了这部多层次、多角度、全面反映佛教文化的白话精华大藏经——《中国佛教经典宝藏》,将佛教深睿的奥义妙法通俗地再现今世,为现代人提供学佛求法的方便途径。

完整地引进《中国佛教经典宝藏》是我们的夙愿,

三年来，我们组织了简体字版的编审委员会，编订了详细精当的《编辑手册》，吸收了近二十年来佛学研究的新成果，对整套丛书重新编审编校。需要说明的是此次出版将丛书名更改为《中国佛学经典宝藏》。

佛曰：一旦起心动念，也就有了因果。三年的不懈努力，终于功德圆满。一百三十二册，精校精勘，美轮美奂。翰墨书香，融入经藏智慧；典雅庄严，裹沁着玄妙法门。我们相信，大师与经藏的智慧一定能普应于世，济助众生。

东方出版社

《中国佛学经典宝藏》目录

编号	书名	编号	书名	编号	书名
1	中阿含经	45	维摩诘经	89	法句经
2	长阿含经	46	药师经	90	本生经的起源及其开展
3	增一阿含经	47	佛堂讲话	91	人间巧喻
4	杂阿含经	48	信愿念佛	92	大乘本生心地观经
5	金刚经	49	精进佛七开示录	93	南海寄归内法传
6	般若心经	50	往生有分	94	入唐求法巡礼记
7	大智度论	51	法华经	95	大唐西域记
8	大乘玄论	52	金光明经	96	比丘尼传
9	十二门论	53	天台四教仪	97	弘明集
10	中论	54	金刚錍	98	出三藏记集
11	百论	55	教观纲宗	99	牟子理惑论
12	肇论	56	摩诃止观	100	佛国记
13	辩中边论	57	法华思想	101	宋高僧传
14	空的哲理	58	华严经	102	唐高僧传
15	金刚经讲话	59	圆觉经	103	梁高僧传
16	人天眼目	60	华严五教章	104	异部宗轮论
17	大慧普觉禅师语录	61	华严金师子章	105	广弘明集
18	六祖坛经	62	华严原人论	106	辅教编
19	天童正觉禅师语录	63	华严学	107	释迦牟尼佛传
20	正法眼藏	64	华严经讲话	108	中国佛教名山胜地寺志
21	永嘉证道歌·信心铭	65	解深密经	109	敕修百丈清规
22	祖堂集	66	楞伽经	110	洛阳伽蓝记
23	神会语录	67	胜鬘经	111	佛教新出碑志集萃
24	指月录	68	十地经论	112	佛教文学对中国小说的影响
25	从容录	69	大乘起信论	113	佛遗教三经
26	禅宗无门关	70	成唯识论	114	大般涅槃经
27	景德传灯录	71	唯识四论	115	地藏本愿经外二部
28	碧岩录	72	佛性论	116	安般守意经
29	缁门警训	73	瑜伽师地论	117	那先比丘经
30	禅林宝训	74	摄大乘论	118	大毗婆沙论
31	禅林象器笺	75	唯识史观及其哲学	119	大乘义章
32	禅门师资承袭图	76	唯识三颂讲记	120	因明入正理论
33	禅源诸诠集都序	77	大日经	121	宗镜录
34	临济录	78	楞严经	122	法苑珠林
35	来果禅师语录	79	金刚顶经	123	经律异相
36	中国佛学特质在禅	80	大佛顶首楞严经	124	解脱道论
37	星云禅话	81	成实论	125	杂阿毗昙心论
38	禅话与净话	82	俱舍要义	126	弘一大师文集选要
39	释禅波罗蜜次第法门	83	佛说梵网经	127	《沧海文集》选集
40	般舟三昧经	84	四分律	128	《劝发菩提心文》讲话
41	净土三经	85	戒律学纲要	129	佛经概说
42	佛说弥勒上生下生经	86	优婆塞戒经	130	佛教的女性观
43	安乐集	87	六度集经	131	涅槃思想研究
44	万善同归集	88	百喻经	132	佛学与科学论文集

深入经藏,智慧如海。

手机淘宝
扫一扫

本套佛学经典适合系统的修习、诵读和佛堂珍藏。
咨询电话:尤冲 010-8592 4661

1	3	4	5	111	18	28	53	32	54	63	55	56	44	65
中阿含经	增一阿含经	杂阿含经	金刚经	佛教新出土经集成	六祖坛经	碧岩录	天台四教仪	禅门师资承袭图	金刚錍	华严学	教观纲宗	摩诃止观	万善同归集	解深密经

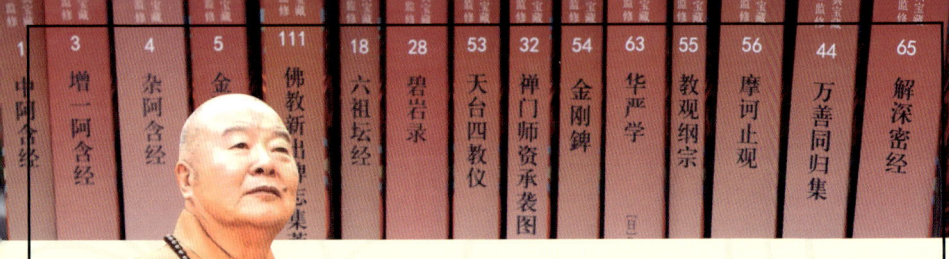

《中国佛学经典宝藏》

华人佛学界顶级专家团队编撰。大陆首次引进简体中文版。
读得懂，买得起，藏得下的"白话精华大藏经"。

星云大师 总监修
"人间佛教"的践行本

《中国佛学经典宝藏》白话版系列丛书，共计132册，由星云大师总监修，大陆、台湾百余专家学者通力编撰而成。

丛书依大乘、小乘、禅、净、密等性质编号排序，将古来经律论中之经典著作，依据思想性、启发性、教育性、人间性的原则，做了取其精华、舍其艰涩的系统整理。每种经典都按原文、注释、译文等体例编排，语言力求通俗易懂、言简意赅，让佛学名著真正做到雅俗共赏；还以题解、源流、解说等章节，阐述经文的时代背景、影响价值及在佛教历史和思想演变上的地位角色。丛书还开创性地收录了一些有代表性的现代读本。

专家推荐

星云大师常常说，佛学不是少数人的专利，它应该是每一个人都能够接触的。这套书推动了白话佛学经典的完成。
——依空法师
<small>佛光山长老，文学博士，印度哲学博士</small>

星云大师对编修《中国佛学经典宝藏》非常重视，对经典进行注、译，包括版本源流梳理，这对一般人去看经典、理解经典的思想，是有帮助的。
——赖永海
<small>南京大学教授，旭日佛学研究中心主任</small>

《中国佛学经典宝藏》精选了很多篇目，是能够把佛法的精要，比较全面地给予介绍。
——王志远
<small>中国社会科学院研究生院导师，中国宗教协会副会长</small>

传统大藏经 VS 中国佛学经典宝藏

回合	传统大藏经		中国佛学经典宝藏
第一回合	**卷帙浩繁** 普通人阅读没头绪、没精力、看不懂。	VS	**精华集萃** 星云大师亲选132种书目，提纲挈领，方便读经。
第二回合	**古文艰涩 繁体竖排** 佛经文辞晦涩，多用繁体竖排版：读经门槛高。	VS	**白话精译 简体横排** 经典原文搭配白话精译，既可直读经文，又可研习原典。
第三回合	**经义玄奥 难尝法味** 微言大义，法义幽微，没有明师指引难理解。	VS	**专家注解 普利十方** 华人佛学界顶级专家精注精解，一通百通。